CW00859598

Ami a csövön kifér

humor antológia

Arte Tenebrarum Publishing
www.artetenebrarum.hu

Copyright

Kiadó:

Arte Tenebrarum Könyvkiadó
www.artetenebrarum.hu
artetenebrarum.konyvkiado@gmail.com

Szerkesztette:

Farkas Gábor, Farkas Lívia,
Lami Júlia és Hidegkuti Tibor

Fedélterv:

Gabriel Wolf

Utolsó módosítás dátuma: 2020.11.23.

Tartalom

Violet C. Landers

Buckley Brown

– kalandos életének észbontó fejezetei

1. Születésnap – torta nélkül

Történetünk főszereplője, Buckley Brown egy ködös, novemberi hajnalon készülődött a világra jönni. Szülei, Eliza Thorton és Reeve Brown nem voltak házasok. Nem akadt ugyanis élő ember, aki összeadta volna őket. Halottaktól meg hiába kértek volna ilyesmit. Együtt éltek tehát, de papírok nélkül. Nem volt sem házasságlevelük, sem kéztörlőjük vagy toalettpapírjuk, de még papírzsebkendőjük sem. Mindenből textilt használtak ugyanis. Megismerkedésük is olyan volt, mint a kapcsolatuk: szilárd alapokon állt. Pontosan azóta, hogy a jégkorcsolyapályán találkoztak, és a másik látványától azonnal eldobták magukat, majd végigcsúsztak a pálya végéig. Horzsolásaikról megfeledkezve feltápászkodtak, egymásba kapaszkodtak, és így is maradtak. Pár randevú után összeköltöztek. Mivel üres kiadó lakás nem volt a környéken, így egy öreg nénit választottak ki maguknak. A hölgy tiltakozása ellenére is beköltöztek hozzá. Eliza főzött-mosott őrá is, ha kellett, ha nem. Mire az idős néni beletörődött ebbe a különös helyzetbe, egy gyors lefolyású betegség el is vitte. Mivel hozzátartozói nem voltak, így Eliza és Reeve önkényesen megörökölte a lakást. Mintha a sors is csak erre várt volna. A néni halála után nem sokkal megfogant második és egyetlen gyermekük. Ezt először egy kívánságcsillag varázsának tulajdonították. Eliza az ablakpárkányon állva kívánta a hullócsillagtól, hogy gyermeket adhasson szerelmének. A fényjelenség pedig a kívánság hallatán inkább megfordult, és visszament, ahonnan jött. Talán teljesíthetetlennek ítélte a kérést.

Szerelmük zálogaként várták volna gyermekük megszületését. Tulajdonképpen rajta kívül semmit sem tudtak volna zálogba adni. Eliza először akkor kezdte gyanítani, hogy babája lesz, amikor éppen ruhákat nézegetett egy üzletben. Egy fiatal eladónő lépett oda hozzá készségesen, és próbált segíteni neki. Kérdezgette, hogy melyik tetszik neki. Elég akaratos eladó volt. Amelyik ruhát ő is kedvére valónak találta, arról mindig lebeszélte a vevőket, vagy egyszerűen kivette a kezükből, és visszavitte a raktárba.

– Ez tényleg nem tetszik? – kérdezte meg az eladónő sokadik alkalommal egy tarka-barka színű ruhát fogva.

– Nem, sajnálom.

– Ronda? – erősködött a nő. – Nekem tetszik, akkor önnek miért nem?

– Egyszerűen nem az én ízlésem – felelte Eliza kedvesen, majd ahogy ezt kimondta, egyből érezte, hogy felfordul a gyomra, és hánynia kell. De már nem volt idő helyet vagy vödröt keresni. Egyszerűen csak kijött belőle, aminek ki kellett. A látvány és a szagok elborzasztották az üzletben nézelődőket. Azonnal fagyossá vált a hangulat. Mindenki az öklendezés és a hányás hangjaira figyelt, miközben az eladónő szörnyülködve nézte a jelenetet.

– Azért ennyire nem gyomorforgató ez a ruha – mondta az eladónő kissé sápadtan, majd a ruhát visszaakasztva, a bolt hátuljába ment. Szintén elhányta magát, pedig nem is volt terhes.

Eliza döbbenten nézett magára, az őt bámulókra, és átkozta még a percet is, amikor bejött ide. Jobbnak látta, ha szépen, összeszedve magát távozik. Az üzletvezető asszony ijedten lépett hozzá, és kérdezte meg tőle, hogy jobban van-e, mire Eliza csak bólintott. Halkan, szinte egérhangon bocsánatot kért, majd eltűnt.

Ahogy nőtt Eliza pocakja, a lakást egyre kisebbnek érezte. Nem is tudta eldönteni, hogy ő nőtt-e meg ekkorára, vagy egyenes arányosan a lakás ment össze. Szülés előtt pár hónappal, egyik este Reeve-vel a kicsi nevén gondolkoztak. Aztán mivel nem jutottak egyhamar dűlőre, Eliza megkérdezte még a szomszédokat, a postást, néhány hivatalnokot és helyi képviselőt is. De egyikük sem szeretett volna segíteni a név kitalálásában. Mindegyikük azt állította, hogy nem az ő feladata. Így aztán a kérdés megválaszolása megint csak Reeve-re hárult.

– Ha lány, legyen Eleonore! – döntötte el az apajelölt. – Neked is tetszik?

– Igen, szerintem aranyos. Hasonlít az én nevemre – csillantak fel a kismama szemei.

– Pont azért találtam ki. Na és ha kisfiú?

– Fiúnak nem adhatunk ilyen nevet. Vagy szerinted megengedné a hivatal?

Ekkor mindketten elhallgattak és mélyen gondolkozni kezdtek. A percekből hamar félórák, órák lettek.

– Szerintem hagyjuk! – adta fel Eliza. – Én azt érzem, hogy ez a kis édes pocaklakó idebent bizony kislány – simította végig a hasát.

– Nagyon remélem, hogy nem csal a megérzésed – sóhajtott Reeve, majd megcsókolta menyasszonyát, mivel mást amúgy sem tudott volna, hiszen csak ő volt a közelben.

A hónapok egyre teltek. Eliza már tizedik hónapja volt várandós, s bár Reeve igen jól eltitkolta a munkahelyén, hogy apuka lesz, valamiért mégis kitudódott. Talán azért fogtak gyanút, mert állandóan a *„Szülővé válás"* kézikönyvét olvasta. Bár a *„Hogyan hagyjuk el terhes menyasszonyunkat"* könyvben több alternatívát talált. A háta mögött a kollégái szervezkedésbe kezdtek. Máshol esélyük sem lett volna, mert Reeve háttal ült mindenkinek. A munkatársak végül kisruhákkal, kelengyékkel és játékokkal lepték meg. Amikor belépett az irodába, felkapcsolta a villanyt, és megpillantotta a sok-sok ajándékot, a csupa rózsaszín holmi láttán a lélegzete is elakadt a meglepetéstől. A szava nem tudott volna, mert egy sem jött a szájára. A kollégái hangos ujjongásban törtek ki. Jobban örültek a meglepett embernek, mint az ünnepelt az ajándékoknak.

– Gratulálunk! Hamarosan apa leszel! – borult legjobb barátja a nyakába. – Még előlem is titkoltad. Ez nem szép dolog ám! – verte hátba Reeve-et. – És tudod, ki a gyerek anyja?

Sorban jöttek a kollégák, a takarítók, a külsős cégek alkalmazottai és mindenki, aki arra járt. Gratuláltak. Előre ittak a még meg sem született poronty egészségére.

A nap végén Reeve összepakolta az ajándékokat, meg mindent, ami megtetszett neki, és hazavitte. Eliza a hatalmas dobozok és papírzacskók láttán elámult.

– Hogy lehetséges ez? – nézegette az asszony sorban az ajándékokat.

– Kora reggel megleptek – mondta Reeve. – Nem volt választásom. Egyébként meg, ha nem fogadom el, az is illetlenség lett volna. Szükségünk van ezekre. A kicsinek is, nekünk is.

– Mi már kinőttünk az ilyen méretű ruhákból! De talán a baba hasznát veszi majd – gondolkodott el. – Ha ő is kinövi őket, akkor meg eladjuk – sóhajtott Eliza.

A terhesség ideje már meghaladta az átlagost, amikor Eliza egy őszi estén úgy érezte, megkezdődtek a szülési fájdalmak. Reeve kapkodva szedte össze a kórházba szánt holmikat, miközben próbálta kedvesét nyugtatni:

– Minden rendben lesz! Mindjárt indulunk, már csak a törzskönyved kellene. Hová raktad?

– A konyhaszekrény fiókjában van, legfelül. A nyakszíjam alatt – mondta Eliza fogait összeszorítva. – Siess már! Annyira fáj!

– Jó, jó! Mindjárt! – felelte zaklatottan Reeve, s pillanatok múlva útnak indultak.

Beültek az autóba, a férfi pedig a gázpedálra taposva elindult a kórház felé. A szél egyre erőteljesebben süvített, kilométerekkel hátrébb fákat csavart ki. A távolság, ami máskor alig húsz percet jelentett, most egyre csak hosszabb lett. Mintha az autó is inkább visszafelé haladt volna. A fák futottak előlük, mire a kórház az útjukba került.

Szivárványok cikáztak az égen. Mintha a pokol is helyet követelt volna magának a Földön. Eliza fájdalmai erősebbekké váltak. Közelgett a világrajövetel.

Reeve kétségbeesetten nézett Elizára. Most minden rajta múlt. Közel félévnyi utazás után megérkeztek a kórházhoz. Reeve kipattant az autóból, megkerülte egyszer, kétszer, háromszor, majd kinyitotta az ajtót a vajúdó nőnek. Karjaiba kapta, s mintha egy vemhes elefántot cipelt volna, bevitte a portáig. Ott nem bírták tovább a karjai és egyszerűen a földre dobta, majd torka szakadtából üvölteni kezdett.

– A feleségem mindjárt megszül! – kiabálta Reeve látványosan, mire egy nővér tőle harminc centiméter távolságra integetett neki:

– Itt vagyok, uram! Szólok az orvosnak. – S azonnal riadóztatta a szülészetet.

Négy orvos és két másik nővér jelent meg. A szülészorvost beültették egy forgószékbe, és a lifthez tolták. Eliza nagyon nehezen bírta tolni az orvost, akinek ölében a szeretője ült, de sikerült őket a szülészet bejáratáig tolni. Onnan az üres széket felküldték az emeletre, a négy orvos, a szerető, a két nővér és Eliza pedig felmentek a lépcsőn. Kimerülten támaszkodott a falnak, amikor érezte, hogy egyre erősödnek a fájásai.

Minden erejét átadva Reeve-nek, kérte, hogy nyomjon. A férfi pedig bármennyire erősen is csinálta, a baba csak nem akart megszületni. Reeve-nek aztán eszébe jutott, hogy ez nem is az ő dolga lenne, úgyhogy visszacserélték a szerepet. Húsz perccel később, amikor Eliza már akkorára tágult, hogy egy vonat is ki tudott volna jönni belőle keresztben, megszületett a várva várt kis jövevény.

Reeve rémülten várakozott, némileg távolabb. Nem bírta ugyanis a vért. Sőt, az ondót, az izzadságot, a nyálat és semmilyen egyéb testnedvet sem.

Elizát a babával a kezében bekísérték a szülőszobába. Ott a gyermeket átadta a szülészorvosnak, ő maga pedig felfeküdt a szülőágyra, hogy kipihenje magát. Reeve erről nem tudott, úgyhogy sorban kérdezgetett mindenkit, hogy hová lett a felesége. Másfél órányi idegbetegségbe torkolló feszültség után végre hírek érkeztek. Egy szobával odébb volt ugyanis.

– Maga Reeve Brown? – érdeklődött egy ismeretlen nővér, aki éppen egy agyműtétről lépett ki.

– Igen – vágta rá a férfi.

– A felesége megszült. Egy egészséges, életerős kisfiú! Gratulálok!

– Kisfiú? – kérdezett vissza Reeve hitetlenkedve, és egy pillanatra lefagyott. Jégcsapok lógtak az arcán, a ruháján, a szemöldökén és a szempilláin is. A nővérke addigra már elment, magára hagyva a kétségbeesett apát. – Nekünk végig azt mondták, hogy lány. Akkor én most apa lettem? Vagy anya? – fogta Reeve a fejét kétségbeesetten.

– Nagybácsi biztosan nem! – kacagott fel hangosan a szülészorvos, aki csak a fejét dugta ki a szobából. – Bejöhet! Megnézheti! – hívta be a láthatóan ledöbbent apát.

Reeve belépett az előkészítő helyiségbe, ott adtak rá hajhálót, köpenyt, kesztyűt, valamint óvszert és zsákot a lábára. Az egyik nővér búvárpalackot is hozott, majd annak maszkját Reeve arcára tette.

– Így már biztonságos. Indulhat – vágta hátba, pontosabban palackba a férfit, mire az bizonytalanul elindult a szülőszobába. Eliza még pihent, a kis apróság pedig elevenen mozgolódott.

Reeve odalépett Elizához, és maszkon keresztül megcsókolta.

– Jól vagy? Minden rendben? – kérdezte.

– Igen, és nagyon boldog vagyok. Egy kisfiú – mondta. – Mi legyen a neve? – kérdezte vékonyka hangján.

– Maradjunk az Eleonore-nál – sóhajtott Reeve gondterhelten. Szemeit lehunyta, és próbálta kalimpáló szívét lecsitítani.

– De kisfiú – ismételte Eliza, hogy észhez térítse szerelmét.

– Majd lányként neveljük fel. Már nem vihetem vissza a babaholmikat – sóhajtott Reeve. – Hosszú haja lesz, tűsarkúban jár majd, és babázni fog – képzelte el. – Nagyon nehéz élete lesz.

– Talán mégiscsak fiú nevet kellene adni neki – térítette vissza a valóságba Eliza.

Reeve végiggondolta az összes férfirokonával való kapcsolatát, és egyikükkel sem ápolt túl jó viszonyt. Vagy sosem ismerte őket, vagy halottak voltak, esetleg nem is tartoztak a családhoz.

– Nos? – siettette a nővérke, aki éppen belépett a szobába. – Mit írjunk a kisfiú karszalagjára?

– Richard, Edward, Steve, Alan, Buckley, Simon, Calvin – sorolt Reeve random férfineveket, mire a nővérke tenyerét feltartva megállította.

– Ilyen sok név sajnos nem fér a szalagra, mert csak tíz centiméter hosszú. Valami rövidebb nincs? – kérdezte.

Reeve szava elakadt. Tétován, bizonytalanul nézett a két nőre, mire kibuggyant belőle: legyen Buckley.

Eliza arca felragyogott.

– Ez nagyon jó név! – mosolyodott el.

S mivel a nővér úgy gondolta, ez valóban tökéletes lesz – látva a két szülő ragyogó szemeit –, azonnal ráírta a kórlapra és karszalagra is.

– Buckley Brown – mondta ki Eliza ünnepélyesen a nevet. – Kit hívtak így a családodban?

Reeve falfehér arccal hezitált, hogy ezt miként is mondja el, de aztán rávágta:

– A kutyámat – majd, hogy ezen enyhíteni próbáljon, folyatta: – De ha jobban belegondolok, hasonlít is rá. Kedves, kicsi és nyálas.

– Reeve! – szólt rá Eliza gyökvonásos szemöldökkel. Hosszú percekig meredten bámult rá. Azt gondolta, hogy viccel. Reeve ezt egyből látta rajta, és kifakadt, akár egy gennyes pattanás:

– Tényleg Buckley-nak neveztem el a kutyámat nyolcéves koromban! Hétévesen Kutyunak, kilencévesen meg Macskuszkámnak hívtam. Tízéves koromban sajnos egy autó elütötte. Utána nem lett másik kutyám – elevenítette fel a múltat, amiről eddig mélyen hallgatott –, csak egy nyulam, egy verebem, egy cickányom és egy szalamanderem. Végül anyám megfőzte őket levesnek. Kicsit rágósak voltak, de azért megettük.

Eliza Reeve iránti szerelmére gondolt, s arra, hogy ez talán jól is van így.

– Legyen! Maradhat – egyezett bele a nő. – Buckley Brown. Jól hangzik. Most már csak egyetlen kérdés van: Mi lesz a sok kislányholmival? Mindenki úgy tudta, hogy lányunk születik. De Buckley meglepetést okozott:

– Majd én megoldom, szívecském – nyomott csókot Reeve Eliza ajkára, szemére, fülére, keblére és tarkójára, majd boldogan vette kezébe az újszülöttet. – Sziamia, Buckley Brown! – üdvözölte. A kisfiú megköszörülte a torkát, majd rázendített a babaüvöltésre. Mindenki hallja végre, hogy ő is itt van.

Míg Eliza és Buckley a kórházban maradt megfigyelésen, addig Reeve próbálta elintézni a babaholmik sorsát. Elvitte mindet egy gyerekruha üzletbe, és hosszas kérlelés után elérte, hogy felét kékre, másik felét pedig sárga, zöld és mintás ruhákra cseréljék. Amit pedig nem akartak átvenni, azokért Reeve fizetett, hogy otthagyhassa.

Születésnap nem létezik torta nélkül. Reeve vett is egyet, nem törődve azzal, hogy Eliza nem szereti az édességet, őmaga cukorbeteg, Buckley pedig újszülött. Hazaérve letette a küszöbnél, míg bevitte a többi táskát. Amíg térült-fordult, a torta eltűnt. Bár az is lehet, hogy csak fejben képzelte el a vásárlás tényét. Így torta nélkül ünnepeltek.

Buckley ötéves koráig nem is hordott mást, csak amit az apja a születésekor szerzett neki. Bár hamar kinőtte őket, de Eliza mindig megtoldotta anyagdarabokkal. Mikor már úgy nézett ki, mint egy kisméretű madárijesztő, akkor egy járókelő megszánta szegénykét, és vett neki két garnitúra ruhát.

Eliza próbálta minden szépre és jóra megtanítani, de Buckley-t egyszerűen nem lehetett. Korához képest sokkal értelmesebb volt az apjánál, de még az anyjánál is. Kénytelenek voltak beletörődni abba, hogy fiuk egyáltalán nem olyan, mint a többi átlag alatti gyerek. Bíztak benne, hogy az idő előrehaladtával normális kerékvágásba kerülnek majd a dolgok.

De nem így történt…

2. Iskolai malőr – halőr nélkül

Ugyanolyan nap lehetett volna az a júliusi kedd reggel is Buckley életében, mint a többi, viszont mégis különbözött az összes eddigitől. Egyrészt, mert októberi ősz volt, másrészt, már kilencéves elmúlt, és éppen iskolai jelmezbálra készült.

– Törpe, fent vagy már?! – kiáltott fel az emeletre kávéját kortyolgató apja.

A kisfiú szemét dörzsölve felkelt, és az ablakhoz lépett. Elhúzta a függönyt, és megpillantotta a szomszéd épület falát. Minden naptól azt a csodát várta, hogy majd elköltöznek, de a szomszédoknak eszük ágában sem volt. Így maradt az épület és az unalmas téglafal is. Megfordult, s csak ekkor vette észre, hogy anyukája melyik ruháját készítette ki neki. Csalódottan, dühös arcot vágva csattogott le a földszintre, és összefonta a karjait.

– Anyu ugye nem gondolta komolyan? – vágott mérges arcot. Bízott benne, hogy apja a fejébe lát, és tudni fogja, hogy mi a baja.

– Micsodát? – nézett fel Reeve.

– Hogy egész nap jelmezben fogok ülni az iskolában. Csak négy órakor kezdődik a buli…

– Még mindig nem értelek, Buckley – nézett fel az újságból az apja. – Anyád késve ment dolgozni. Kivasalta a ruhádat, a szögeket meg a légycsapdát is.

– Nem mehetek el abban. Ki fognak csúfolni! Mindig gúnyolódnak rajtam. Azt mondják, hogy egy osztályelső ne járjon velük iskolába.

– Anyád időt és erőt kímélve varrta neked azt a ruhát. Felöltözöl! Elviszlek az iskolába, megvárom, míg jól kigúnyolnak, utána folytatom a munkakerülést. Nem csinálhat anyád mindent! – kelt ki magából Reeve, nem értve fia panaszának okát.

– Anyu is eljöhetett volna jelmezben – dacoskodott tovább Buckley. – Sehol sincs leírva, hogy csak a tanulók öltözhetnek be.

– Én a te korodban annak is örülhettem, ha volt mit felvennem. Zenéket kazettára, elhagyott tárgyakat az utcán, félig elszívott cigarettacsikkeket. Neked remek életed van. Tekintettel kell lenned ránk! Menj fel, aztán ha nem megy, segítek felöltözni.

Így is lett. Buckley-nak nem tetszett, amit a tükörben látott. Már előre félt a többiek véleményétől. Az apja megcsinálta a bohócsminket. Indulás előtt elcsomagolta Buckley-t, a fiú ebédjét, aztán betette a csomagtartóba, és elvitte az iskoláig. Az első három óra már rég tartott, mire odaértek. Reeve nem zavartatta magát. Kiszállt az autóból, és pucéran, ballonkabátban kezdett fel s alá sétálgatni. Majd az arra érdemeseknek ki is tárta a kabátját. Azok pedig sikoltva elfutottak.

Buckley az autónál várakozott. Közben felbukkant egy járőrautó, és megkérdezték a kisfiútól, hogy miért nem ment iskolába. Megszeppenve felelni sem tudott. Reeve ekkor ért vissza. Tőle azt kérdezték, hogy miért nem újította meg a forgalmiját és van-e nála izzókészlet. A férfi magyarázkodásba kezdett, ezalatt Buckley csalódottan bekullogott az iskolába.

A bohócruhás fiú megmosolyogtatta a szembejövőket. Ő viszont kínlódásnak élte ezt meg. A macskák hangos nyávogással, a tanárok ordítva menekültek előle. Az udvaron leült az egyik padra, és elkezdte írni a házi feladatait. Odamentek hozzá még páran, hogy az övékét is csinálja meg. Pénzt nem fogadott el, hiába tukmálták rá a zsebpénzük felét, ő mást akart: Színes, cukormázas fánkokat kért. Percek alatt olyan sokat kapott, hogy már azon gondolkodott, fánkkereskedést nyit.

Négy óra előtt tíz perccel egy gésaruhás kislány állt meg előtte. Rémesen festett, mert az alakja a ruhához képest teljesen előnytelen volt. Durcás szemei találkoztak Buckley-éval.

– Én is bohócnak szerettem volna öltözni, de nem engedték. Neked hogyhogy lehet? – kérdezte a lány, akinek copfjai végén kötőtűk lógtak.

– Withardt tanár úr kappannak öltözött – intett Buckley a fejével az udvar túlsó vége felé. – Neki sem tiltott meg senki semmit.

Mindketten odanéztek, és látták, ahogyan a tanár láthatatlan sarkantyúival kapirgálni kezd.

– Téged elengednek majd a nyári táborba? – kérdezte a copfos témát váltva.

– Nem. Nincs elég pontom – felelte Buckley. – Igaz, nem is gyűjtöm hozzá. Nem akarok menni. A szüleim nem is engednének el tíz kilométernél távolabb.

– Adsz a fánkodból? – nyelte a nyálát a lány, és várta, hogy kis barátja megszánja. Buckley azonban nem volt jószívű, mert nem tanították meg rá.

– Csak akkor, ha te is adsz az intőidből! – vágott vissza, és kíváncsian várta a copfos reakcióját.

– Azt soha! Mindet kiérdemeltem! – szorította ökölbe a kezeit a rosszaság.

Buckley szorosan összezárta a száját. Elküldte volna messzire a kötőtűs-copfost, de félt a reakcióitól. Kis hezitálás után aztán feltett egy váratlan és indokolatlan kérdést:

– Mi leszel, ha nagy leszel? – kérdezte Buckley hunyorgatva, mert a Hold szinte kiégette a retináját.

– Sorozatgyilkos. Az a legcélszerűbb. Megölök pár embert, és elszedem a pénzüket. Menekülök, elkapnak, aztán lesz szállásom, megetetnek és vigyáznak rám.

– És ha olyan államban csinálod, ahol van halálbüntetés?

– Akkor megkérem őket, hogy hadd ássam ki a saját síromat, aztán leások egészen Kínáig, és megszököm.

– Nem is lehet addig leásni – hitetlenkedett Buckley.

– Akkor robbantok – kötekedett tovább a kötőtűs.

– Te elmebeteg vagy! – folytatta tovább a leckeírást Buckley, és próbálta ignorálni a lányt.

– Te meg egy képzelőerő nélküli balfék! – Azzal a gésaruhás kislány sarkon fordult, és otthagyta.

A fiúnak tetszett a lány, de azok a kötőtűk a hajában nagyon veszélyesek voltak. Kiszúrhatták volna Buckley szemét. Úgy gondolta, nem szabad ilyenekkel kísérleteznie…

Míg a bohócruhás, stréber Buckley a padon ült és leckét írt, megtartották a jelmezversenyt. Amit toronymagasan meg is nyert! Úgy, hogy ő nem is vonult fel.

Bár rémes napnak indult, mégis maradandó emlékké vált Buckley számára. Az első, feléje közeledő, hűvös, jégkék szemű, kötőtűs hajú lány miatt.

Meg azért is, mivel Dorothea Caldwell biológiatanárnő azt ígérte még a hét elején, hogy halőrnek fog öltözni, mivel a férje nagy horgász. Ám csalódást okozott minden tanítványának, mert végül Csipkerózsika lett belőle. Ugyanis kétórás késéssel érkezett. Tudniillik elaludt. Jelmezt felvenni pedig már nem maradt ideje.

2,5. Buckley és az eltemethetetlen távoli rokon

Tizenkét év körüli lehetett Buckley Brown, amikor a szüleivel temetésre ment. Egy kisfiú életében egy ilyen esemény mély nyomot tud hagyni, akár egy markológép. Bár csak Eliza és Reeve ismerték az elhunytat, gondolták, fiuknak is meg kell ismerni a család távolabbi ágát. Ezért aztán felkerekedtek, és több napra való ruhával és élelemmel elindultak. Az út nem volt túl hosszú, de túl rövid sem. Persze ha szabócentivel mérnénk, akkor nagyon nagy szám jönne ki. Valószínűleg olyan hosszú, hogy kiírni se lehetne.

Útközben sokat meséltek Reeve apai nagybátyjának másod-unokatestvérének keresztlányának fiáról, akiről pontosabb információt csak a helyi újság bűnügyi rovata írt. Mivel villamosszékben végezték ki. Ennek előzményeként sorozatban ölte a nőket, akik este tízkor indultak haza a helyi gyárból. Valamiért nem bízott meg senkiben sem, akit fekete árnyék követett. Még kisgyerekként alakult ki ez a kezelhetetlen fóbiája. Szülei nem is engedték ki este hat és reggel hét között. Hiába kaparta az ajtót vagy vonyított egész éjjel. Sétáltatáskor adtak rá szájkosarat, de sajnos akkor sem tudták csendességre bírni. Ilyenkor apja kilőtte altatószerrel töltött puskájával, és felvitte a szobájába. Talán ettől vadulhatott meg, bár az állandó bezártság sem sokat segített.

No, tehát történetünk szempontjából ez vezetett ahhoz, hogy III. Edward Willis-Brown-Vineyard rossz útra tért, és a legelvetemültebb bűnöző lett az egész megyében. Akik kapcsolatba kerültek vele, azok vagy önkéntes bezártságra ítélték magukat félelmükben, vagy bevonultak egy zárt intézménybe testi épségük megóvása érdekében.

Az utcák éjszakánként elnéptelenedtek, mégis akadt egy-egy – hogy finoman fogalmazzunk – balfék, aki még nem hallott III. Edward Willis-Brown-Vineyardról. Neve alapján azt hihették, hogy uralkodó. A harmadik, római számmal írt rész azért kellett, mert ő volt a negyedik, aki ugyanazt a nevet kapta a családban. Bármennyire is hihetetlen, de a nulladik Edward Willis-Brown-Vineyard már nyolcvan éve meghalt. Ő ugyan örökbe fogadott gyermek volt, mégis úgy tartották, ha a keresztségben ezt a nevet kapta, akkor vigye tovább azt, ne pedig örökbefogadó szüleiét.

Tehát a család útra kelt a távoli rokon temetésére. Buckley egész úton próbálta elképzelni, hogy milyen lehet egy kiégett agyú ember. Hogyan néz ki egy meggrillezett agyvelő? Nem mintha ilyen rendelhető lenne egy étteremben, bár ki tudja? (Kóstolt már valaki sertés agyvelőt?) Hiába kérdezgette szüleit, azok azt mondták, hogy nem szabad ilyenről beszélgetni. Tiszteletet érdemel az elhunyt bűnöző rokon, még akkor is, ha életében közutálatnak örvendett.

Erdő erdőt követett, város várost, falu falut, mire eljutottak a hírhedt „Hazug Simon" falvára, ahol a temetést tartották. Buckley azelőtt sosem járt errefelé. A neve miatt a falu létét is kétségbe vonták. Azt mondták, hogy itt minden hazugságra épül.

A temető nagyobb volt, mint maga a falu. Nem lakták sokan, az egykori lakosok többnyire mind a temetőben nyugodtak. Az élők közül kevesen mentek el. A helyben nyugvók lélektelen testét időtlen idők óta semmi sem foglalkoztatta. Már a nyüvek is túl(t)ették magukat a csontokon. A temetőben létrehoztak egy „Rothadó parcella" néven elhíresült részleget. A friss holttestek egy része a föld felett enyészett. Kizárólag itt köröztek a dögkeselyűk, és a boszorkányok is ide jöttek fekete hajtincsekért a varázslataikhoz. Táptalajt nyújtott a betegségek terjedésének, akár egy biológiai fegyver. A parcella bejáratánál gázmaszkokat és hányószacskókat is osztogattak a bátrabb látogatók számára. Neves egyetemekről is ide jöttek az orvostanhallgatók enyészettan-oktatásra.

Reeve vitte a fenyőkoszorút, Eliza Buckley-ba karolva ment utána. Messziről lerítt róluk, hogy városi emberek, akik nem ismerték a „Hazug Simon"-falviak hagyományait. Mivelhogy feketében érkeztek, de ezüst csillámporos napernyőt nem hoztak magukkal.

A gyászolók már gyülekeztek a kápolna környékén. Mondtak egy utolsó imát a bűnöző rokon lelki üdvéért. Távolabb egy idősebb férfi szomorúan üldögélt egy padon.

Eliza előreküldte a fiát, hogy az megismerkedjen nagybátyjának harmad-unokatestvérének másodszülött, örökbefogadott féltestvérével.

– Buckley Brown vagyok – mutatkozott be a fiú.

A férfi ránézett, majd elégedetten biccentett. Hallotta már ezt a nevet. A szülők láttán azonnal ment a beazonosítás. Reeve számtalan karácsonyi képeslapon – minden évben – megírta, hogy az egykori kutyája után nevezte el a fiát. Emiatt mélyen belevésődött emlékezetébe a rokon fiú. De leginkább a neve.

– Ülj le mellém! – mutatott a férfi a pad másik felére. Buckley engedelmesen szót fogadott, akár egy kutya.

– Szegény Edwardot nem ismerhetted – sóhajtott fel. – Sokat dolgozott életében, mire azt a sok aljas gyilkosságot kitervelte és elkövette. Nem vágyott másra, csak békére, pihenésre meg árnyékok nélküli emberekre. Biztosan kedvelted volna.

– Ó – nézett Buckley a férfira. – Most majd lesz ideje pihenni. Hat láb mélyen – jegyezte meg. – Milyenek voltak az utolsó pillanatai? Ott voltál?

– Mondanám, hogy felvillanyozó volt, de az nem lenne túl kedves. Tudta, hogy így és ekkor jön a vég…

– Kapott róla értesítést? – kérdezte Buckley.

– Igen. Egy hónappal korábban. Így bőven volt ideje kigondolni, hogy mit szeretne az utolsó estéjén. Kért egy unikornis ruhába öltözött táncoslányt, fél kiló hasábburgonyát, fél tucat hamburgert, egy tálca hot dogot meg egy rekesz pezsgőt. Annyit evett, hogy nem is tudta megdönteni a lányt. Ezért csak együtt aludtak. Reggel a pap, amikor rájuk nyitotta az ajtót, egyből az esküvői zsoltárt kezdte olvasni, amikor szóltak neki, hogy igazából az utolsó kenetet kellene feladnia. A táncos lány maga alá nyúlt kenet-ügyileg, de ott efféle dolgot nem talált. Felkapta fejére az unikornisszarvas kapucniját, majd vigyázzállásba vágta magát. A pap mellé állt, és ketten olvasták fel neki a halál előtti búcsú imát. Majd mindketten távoztak. Kért még reggelit is, de azt már nem hagyták neki megenni. Félő volt ugyanis, hogy nem fog beleférni a villamosszékbe. Pontosan délben tették a fejére a szerkezetet. Előtte mindenkitől elbúcsúzott. Egyetlen szóval sem említette, hogy megbánta volna bűneit. Inkább még azokat sorolta, amikre már nem maradt ideje. Háromszor húzták meg a kart, mire áram is futott benne. Pedig láthatóan nagyon felkészült a halálra. Aztán nem sikerült. Még negyedszerre sem. Felvetődött, hogy elnapolják a dolgot, bár a börtön vezetője szerint, aznap mindenképpen ki kellett végezni III. Edward Willis-Brown-Vineyardot. Hívtak villanyszerelőket meg más technikusokat. Miközben az elítélt a székhez kötözve várta a véget, az egyikőjük a „sisakot” vizsgálta, ketten pedig a vezetéket. Még azt is megnézték, hogy a szék körül van-e valamiféle szigetelés, ami megakadályozná az áram futását. Ám mindent rendben találtak. Edward próbálta meggyőzni a börtönigazgatót, hogy Isten akarata, hogy éljen, azonban az a halálos ítéletet lobogtatva ellenállt a kísértésnek. A villanyászok mindent megtettek, hogy a szerkezet működjön. Levették Edward lábáról a cipőt, lábait beletették egy vízzel teli lavórba. Fejére egy fekete bundás, zöldszemű macskát tettek. Azzal együtt húzták a fejére a villamos szerkezetet, majd bekapcsolták, és pillanatok alatt sikerült a művelet. Igaz, hogy a macska fekete bundája rásült Edward fejére, de ez volt a legkisebb probléma. Viszont az az oltári büdös szag, ami a két egymáshoz sült tetemből áradt, háromnapos szellőztetést igényelt. III. Edward Willis-Brown-Vineyardot fején a döglött macska tetemével helyezték koporsóba, majd így készítették elő a temetésre. Aztán már csak azon diskuráltak vagy másfél nap hosszan, hogy Charlie-t – a macskát – is megjelöljék-e a fejfán. Hiszen végtére is, őt szintén mellé temetik. Az utolsó döntést az atya hozta meg, aki szerint a macska is Isten kegyelméből létezett, ezért megérdemli, hogy felírják a nevét.

– Szép halál – sóhajtott Buckley. – Vajon még utoljára engedik, hogy megnézzem?

– Kizárt. Leszögelték – mondta az idős férfi. – Mivel úgy tartották, hogy a Willis-Brown-Vineyard família tagjai eltemethetetlenek.

– Eltemethetetlenek? – nézett Buckley nagy szemekkel.

– Igen, állandóan feltámadnak. Ezért bilincselték meg Edward kezeit, hogy ezt megakadályozzák.

Így együtt, négyen mentek a szertartásra, ami százhúsz perc alatt véget is ért. A pap felsorolta azt a három jótettet, amit III. Edward Willis-Brown-Vineyard egész életében véghez vitt: megszületett, szüleit boldoggá tette, majd macskával a fején, megbékélés nélkül itt hagyta a földi létet. A gyilkosságokon kívül nem csinált más emlékezetes dolgot. Bár sokan rettegtek tőle…

A sírhely kiválasztásánál fontos szempont volt, hogy a közelben ne legyenek se más sírhelyek, sem pedig fák. Az árnyékok miatt. Mert aggódtak, hogy a halott III. Edward végső nyugalmát megzavarta volna. Elvégre életében is zavarta... A pap az összes létező vallás szerinti módon megszentelte a sírt.

A szertartás után egyedül Buckley maradt a rokona nyughelyénél. Hosszasan gondolkozott. Két holttest egy sírban. Sajnálta Edwardot, de leginkább a macskát. Megérdemelt volna egy önálló fejfát. Ehelyett egy sorozatgyilkos mellett kell nyugodnia. Igaz, kitömve se lenne jobb, egy szertárban porosodva az idők végezetéig...

3. Megint jelmezben – csak most bál nélkül

Buckley életében a jelmezek szinte az év minden napján előkerültek. Így volt ez a gimi harmadik évében is, amikor Halloween környékén meghívták egy házibuliba. Persze az utolsó percre hagyta a jelmezkölcsönzést. Így aztán teljesen ledöbbent, amikor betoppanva a helyi kölcsönzőbe, alig pár darabot talált, amiből választhatott. Néhányon a *„lefoglalva"* címke lógott, ami tovább nehezítette a dolgát. Az üresen logó vállfákról az eladók nem engedték a címkéket kikölcsönözni, pedig sokan még azért is fizettek volna. A kölcsönözhető jelmezek vagy aprócskák voltak, vagy óriásokra tervezték őket. Egyetlen ideális méretűt talált: egy nyolckarú pókjelmezt. Ösztönei két dolgot súgtak: *„Ne menj el a buliba!"*, illetve *„Semmiképpen se ezt a jelmezt válaszd!"*. Ahogy így hezitált, egy formás, nyuszinak öltözött lányt pillantott meg az üzlet előterében, ahogyan egy hatalmas tükör előtt nézegette magát. Buckley lélegzete elakadt a látványtól, olyan bájosnak találta az egész jelenséget. A nyuszi pomponfarka zabálnivaló volt. A lány megfordult, és megpillantotta, ahogy az ismeretlen fiú a pókjelmezt nézegeti. Odasétált hozzá, kezében egy hatalmas plüssrépával, és arcán elégedetlenség látszott. Fogait összeszorította, és próbálta visszatartani a dühét. Majd mint egy fortyogó befőttesüvegből, hirtelen belőle is áradni kezdtek a szavak:

– Én így képtelen vagyok elmenni a bálba! Teljesen bolondnak fognak hinni. Minden valamire való lány hercegnőnek öltözik. Én meg egy nyúlnak.

Szerinted? – mutatott végig magán, és valóban elég kövérkés nyusziként forgolódott.

– Aranyos vagy benne – jegyezte meg Buckley.

– Ez az! Pontosan! Azt nem akarom! Én minden vagyok, csak nem egy ilyen bolyhosfarkú nyúl. Inkább lennék Playboy nyuszi.

– Azokra jobban hasonlítasz? – kérdezte a fiú.

– Nem, azokra sem – rázta a lány a fejét. – De csak erre a jelmezre van pénzem – sóhajtott. – Meg nincs is választék. A ruhacédulákat nem lehet kikölcsönözni, pedig akkor könnyűvérű lánynak is öltözhettem volna.

– Nehéz ügy – állapította meg Buckley.

– Te pók leszel? – pillantott a lány a fiú kezében lévő jelmezre.

– Erre van pénzem. És nem is maradt más a méretemben. Későn jöttünk a kölcsönzőbe.

– Ó, ez egészen elképesztő – tette csípőre a lány a kezét. – Szeretnél velem jönni? Talán senkinek fel se tűnne, ha ebben mennék, mert a te jelmezed sokkal röhejesebb lenne az enyémnél.

Buckley tágra nyílt szemekkel nézett az idegen lányra. Szimpatikusnak tűnt neki, és őszinteségével kezdte meghódítani szűzi szívét.

– Feltételezem, te is a Holloway gimibe jársz – nézte a lány egészen közelről Buckley-t, mintha már látta volna valamikor a folyosón.

– Igen. Nincs másik gimi a város ötven kilométeres körzetében, ezért muszáj ide járnom.

– Nos, akkor remek. Az én nevem Cordelia Tangens – mutatkozott be a nyuszijelmezes lány.

Buckley furcsán nézett rá. Elgondolkodott szövevényes agytekervényeivel.

– A szüleid ennyire odavoltak a matematikáért? – kérdezte Buckley.

– Miért kérded? – lepődött meg a lány.

– Tényleg úgy hívnak, hogy Cotangens?

– Micsoda? – sértődött meg a lány, és nem értette a kérdést.

– Tudod, a szögfüggvény – magyarázta Buckley okosan. – Biztosan tanultad matekból.

– Ó, inkább mégse menjünk együtt! – fordított hátat a lány, majd visszament az öltözőfülkébe.

Buckley nem érezte úgy, hogy rosszat mondott volna, de talán mégsem illett az alkalomhoz. Pillanatokkal később a lány feldúltan lépett ki, kezében a jelmezzel, majd a kasszához ment. Csak pár perc maradt a fiú számára, hogy helyrehozza a kényelmetlen helyzetet.

– Sajnálom, amit az előbb mondtam – kezdte. – Nem is tudom, mi ütött belém. – Cordelia mérgesen nézett a rá. – Megbocsátanál?

– Nem is ismerlek – fordult el a lány.

– Buckley Brown vagyok, és ezennel szíves elnézésedet kérem rémes viselkedésemért – mutatkozott be, majd udvariassággal próbálta enyhíteni a jelenetet.

– Egyetlen tettel hozhatod helyre – próbált a lány fölényeskedni.

– Éspedig?

– A pókjelmezben kell jönnöd. És hogy érezd a tetted súlyát, egyedül kell belépned a terembe! – jelentette ki Cordelia. – Szeretném látni, ahogy hülyét csinálsz magadból.

Buckley lehajtotta a fejét, és mivel mindenképpen ment volna a bálba, nem tehetett mást. Bólintásával beleegyezett, majd a jelmezt a kasszához vitte, és kifizette a kölcsönzési díjat. Cordelia diadalmaskodott a pimasz alak felett.

Buckley úgy forgolódott az üzletben, akár egy fajdkakas, míg a tüneményes új ismerős el is tűnt mellőle.

A buliba való elindulást innentől már csak egyetlen, pontosítva négy tényező hátráltatta: A jelmezre épített négy pluszláb miatt nem fért be az autóba, mert rettentően széles volt, így maradt a gyaloglás és számos furcsálló tekintet, akik ablakok mögül bámulták Buckley-t. A fiúban viszont égett a remény zöldszínű lángja, hogy újra láthatja a bájos pomponfarkú nyuszilányt. És valóban így is történt.

A feketébe öltözött nyolclábú Buckley-pók rettenetesen viccesen festett. Cordelia távolról figyelte, majd az alkalmas pillanatot kivárta, és kacéran odasétált hozzá.

– Megismertelek egyből, ahogyan beléptél – üdvözölte.

– Komolyan? – nézett rá Buckley.

– Egyedül neked van a teremben nyolc lábad! – nevetett fel. – Meg aztán mindent levertél, amikor megfordultál, hogy becsukd az ajtót.

– Nevetségesen festünk – állapította meg a fiú.

– Ez egy jelmezbál. Mit vártál? Ez van. De kit érdekel! Igyunk valamit! Bármit, ami folyékony és jég van benne – karolt bele a fiúba.

– Egy szárazjeges szörp rendel! – kiáltotta Buckley a csaposnak.

– Itt ilyen nincs! Rendelj mást, öreg! – jött a válasz, amit Cordelia és új barátja meg sem hallott.

– Nagyon megtetszettél nekem a kölcsönzőben. Lehetne több is közöttünk? – kérdezte Buckley merészen.

– Egyelőre csak a négy oldalsó karod van – nevetett Cordelia –, azok is pont rossz helyen. – Majd átlépett a lábai között lévő két oldalkaron.

– Gondolj arra, hogy senki sem tudna téged nyolc karral ölelni – nézett magára a fiú, széttárta karjait, várva, hogy a lány hozzábújjon.

Cordelia azonban inkább belekortyolt egy pohár jeges vízbe, amit egy másik vendégtől nyúlt le. Kellemetlennek érezte a helyzetet, mert számára a fiú nem volt több egy vicces jelmezű szánalmas alaknál, de egyéjszakás kalandnak megfelelt volna. Elterelte tehát a bontakozó románc irányát teljesen másfelé.

– Mesélj magadról. Van valami hobbid? Gyűjtesz valamit? – érdeklődött.

– Bakeliteket – válaszolta Buckley röviden, s azt gondolta, a lány tudja, mi az.

– Bak elit? Az valami állatfaj? Vagy micsoda? – tárta szét a karjait Cordelia. – A bakok között vannak elitek? Nem is tudtam – döbbent le, és lelki szemei előtt már elképzelt egy kisebb nyájat.

– Én sem tudtam, míg el nem kezdtem gyűjteni őket – mondta Buckley hunyorgó szemekkel, és el se tudta képzelni, hogy a lány miről beszél. – Iszunk még valamit? – bökte ki a fiú, mire a lány kérdés nélkül bólintott.

– Csak egy pillanat! – emelte fel a kezét, lábujjhegyre állt, és elkiáltotta magát: – Mike!

– Mike? Ki az a Mike? – furcsállta Buckley.

– Ki lenne? A kísérőm – jelentette ki Cordelia.

– A kísérőd? Azt hittem, egyedül vagy – hökkent meg a fiú.

– Mindig kísérővel iszom a szeszesitalokat – felelte a lány teljes magabiztossággal. Góliát léptekkel feltűnt Mike is, aki tényleg csak azért jött el Cordeliával, hogy az sohase igyon egyedül semmilyen szeszesitalt. Feltűnő jelenség volt, mert kigyúrt, izmos karjait semmi sem takarta. Fekete öltönyéről levágta az ujjakat. Úgy nézett ki, akár egy testőr.

Mindhárman puncsot ittak, mert Buckley-nak csak arra futotta. Majd táncoltak, azután együtt kimentek az épület elé levegőzni.

Háromnegyed óra múlva, miután megunták egymás társaságát, elváltak útjaik. Kis időre? Vagy örökre? Maguk sem tudták. A sok jelmezes vendég érkezésekor elsodródtak egymástól. Buckley-t szinte kinyomták a teremből. Így meghiúsult a bimbózó románc. A kölcsönös szimpátia egyelőre kevésnek látszott egy hosszú távú kapcsolathoz.

Cordelia emlékeibe véste a fiút, hogy egy legközelebbi találkozás alkalmával folytatni tudják közös, önfeledt pillanataikat.

4. Buckley, a kóborló kóbortalan lovag csúcsra jut

Még alig lépett át főhősünk a férfikor küszöbén, amikor felismerte, hogy neki szexuális igényei is vannak. Előbb magazinokból, majd felvilágosító könyvekből, végül bordélyházban próbált némi gyakorlatra szert tenni. Első alkalommal még kedvezményes időkorlátot is kapott, mivel a cemende előbb felvilágosító órával kezdett. Előszedte jócskán elkopott szemléltető íveit, kihúzta távmutató pálcáját, s így mutogatta el az ivarszervek közti különbségeket. Ám mikor látta, hogy a férfi nem érti, változtatott. Onnan kezdte, ahol valójában kellett volna: a méhecskétől és a virágtól. Hosszasan ecsetelve a beporzás apró részleteit. Buckley hatalmas szemekkel bámulta, és közben nagyokat nyelt. Nem is gondolta volna, hogy a virág és a méh között szexuális kapcsolat tud létesülni. És a virág még csak ellenkezni sem tud. A második órán a lány elmagyarázta Buckley-nak, hogy a nemi szerve tulajdonképpen mire is való. A férfit ámulattal töltötte el a sok új ismeret. A lány a harmadik órán, saját testén szemléltetve fedte fel a női test titokzatosságait. Megmutatta keblei finomságát és egyéb igencsak érdekes testrészeit. Az óra végén Buckley-nak felelnie is kellett volna, de annyira új és ijesztő volt számára mindez, hogy rémülten próbálta elhagyni a helyiséget, de sikertelenül. A küszöbön átesett, tovább nem jutott. Csalódottságában elment egy másik cédához, akivel szintén az alapoktól kezdték a szexuális ismereteket. Buckley itt már kétszer annyit fizetett. Ekkor egy tankönyvet olvasva rájött, hogy neki gyakorlati oktatásra lett volna szüksége, nem hasznavehetetlen szavakra. Visszament tehát az első oktatójához, és reklamált. Ő aktusért fizetett, nem pedig gagyi meséért. A kéjhölgy megadóan bólintott, és magukra zárta a szoba ajtaját. Kényeztette Buckley-t minden földi jóval, tejben-vajban fürösztötte, a végén meg is büfiztette, de a fiatalembernek mégsem jött át valahogy a dolog lényege.

A száznegyvennegyedik alkalommal jutottak el Buckley első sikeréhez. Ez olyannyira történelmi pillanat volt, hogy utána az összes bordélylány azonnal rágyújtott a házban. De még a szomszédos településeken élők is. A Föld is megállt forgásában, és hetvenöt fokban elfordult. Világmegváltó éjszaka volt.

A bordélyházban szerzett tapasztalatokra azért volt szükség, nehogy leendő szerelme előtt derüljön ki róla, hogy szűz, és ennek ténye kútba taszítson egy csodásnak ígérkező kapcsolatot.

A prostituált azonban a számos kudarcos próbálkozás után rájött, hogy beleszeretett szerencsétlen „ügyfelébe”. Már ingyen is szívesen fogadta, ezért képes volt bónusz tiketteket gyártani, csak láthassa még.

Buckley megemberelte magát. Meg azt tanították neki, hogy amit adnak, azt el kell fogadni. Ezért aztán sosem volt még ilyen jó dolga a kéjhölgynek. Egyszer így szólt:

– Lovagom, merre kóboroltál ily kóborolatlanul? – kérdezte elcsukló hangon. Válasz azonban nem érkezett.

– Légy a feleségem! – jött indokolatlanul, vagyis inkább szokatlan módon a lánykérés Buckley-tól.

– Azt már nem! – taszította el magától a férfit. – Én soha nem leszek feleség! Én örömöt akarok szerezni az emberiségnek. Ezt már tizenöt évesen eldöntöttem, és ettől az elhatározásomtól senki és semmi sem tántoríthat el!

Így elváltak útjaik, amelyet testi kapcsolatukon kívül más nem is jellemzett. A céda emlékül Buckley-nak adta kedvenc CD-jét, amit a férfi már találkozásuk első napja óta próbált elkunyerálni vagy ellopni tőle.

5. Buckley, a kacsavadász

Ó, elérkezett az a várva várt pénteki nap. Hétfő, kedd, szerda és csütörtök után a péntek! Nem is beszélve az előtte sorakozó más napokról és hetekről. Mert ez különleges péntek volt. Nem hagyományos, hétvége előtti utolsó munkanap, hanem piros betűs, nagybetűkkel, félkövérrel írt ünnep volt. Buckley már hetekkel korábban erre a napra szervezte élete első kacsavadászatát. Mindent próbált beszerezni hozzá. Felfújható és műanyag kacsákat, csalogató sípot, csónakot, evezőt, horgászkalapot, amin különféle díszek és villantók lógtak.

Aznap reggel erőtől duzzadóan ébredt. Minden testrésze telítődött vérrel. Különösen az egyik pattanás a homlokán, ami akkora lett, hogy még a Holdról is láthatóvá vált a földönkívüliek számára is. Buckley azonban nem törődött vele. Fejébe húzta kalapját, negyvenkettes lábára ráerőltette negyvennyolcas horgász csizmanadrágját. Egy lépést tett a lábbeliben, majd még egyet az autó felé. Így haladva olyan féltizenkettőre oda is ért az autójához. Beszállt, beindította a motort, és rükvercben haladva a háromszáz kilométerre lévő tóhoz hajtott.

Hatalmas sóhajtással, fáradtan érkezett. A tó körül már legalább egy falunyi ember kezdte meg pihenését. A nők bikiniben napoztak, a gyerekek homokvárat építettek, a férfiak meg söröztek. Talán ezt a tavat nem pont kacsavadászatra találták ki. Persze egy elszánt embernek holmi apróság nem számít! Bevonszolta a csónakját, amihez hozzákötötte a műanyag kacsáit, a többi gumikacsát pedig egy erre alkalmas szerkezettel a tó távolabbi pontjaira lőtte. Percekig csendben várt, majd szájába vette a sípját, és fújni kezdte. Néhány kacsa a fizika törvényeit meghazudtolva megállt a levegőben, és elcsodálkozva figyelték a különös alakot. Ki ez? Mit akar tőlük? És mi ez a kínos kacsahang, ami inkább emlékeztetett fuldokló madárra, mint olyanra, ami élvezi a pancsolást. Pár kacsa a fejét rázva folytatta az útját, csak öt-hat bátor ereszkedett neki. Őket inkább a kíváncsiság hajtotta. Miféle alak próbálja meg utánozni őket? Szánalmat éreztek iránta. Összedugták színes fejüket, és kitalálták, hogy kiszúrnak ezzel a „bátor" vadásszal.

Buckley elfeküdt a csónakban szájában a síppal, és fújta rendíthetetlenül. Hang nem sok jött ki, mert a mellkasát igencsak nyomta a csőre töltött, lapát típusú sörétes puskája.

– A hózentrógeromra esküszöm, hogy márpedig innen kacsa nélkül nem megyek haza! – jelentette ki fennhangon.

Lapos fekvésében észre sem vette, hogy hápogó és rajta gúnyolódó vadkacsák köré gyűlnek. Vidáman pletykálták, hogy miféle lúzert sodort feléjük a végtelen. A környékbeli nyaralók jobban megijedtek a csónakból kilátszódó puskacső láttán, mint a vadkacsák. Ha Buckley értette volna a pörgős kacsanyelvezetet, biztosan rendet vágott volna közöttük.

– Hááááp, hááp, szép a kacsa, szép a láp, hiába jöttél, vadász, ha nincsen táp! – nyújtogatta az egyik a nyakát kecsesen.

Valóban. Buckley semmit sem szórt a tóba. Vinni vitt magával, de egyszerűen megfeledkezett róla.

Az órák lassan napokká váltak. Buckley végtagjai elmacskásodtak. Az élelme és a vize elfogyott.

– Háp, háp, ne tovább! – szállt le négy vadkacsa a tóra. Kérdőn néztek egymásra. Buckley felállt a csónakban, és látcsövével szétnézett. A négyből három kacsa a férfi csizmájára telepedett, és kényelmesen kezdtek elhelyezkedni rajta. Negyedik társuk szempilláját remegtetve, fenekét ingatva úszott a tó felszínén.

– Innen nem menekülsz! – súgta harci kiáltását Buckley. Kezébe vette puskáját, és célba vette a kiszemelt jószágot. – Egy, két, há'! – számolt hangosan, és mintha a vadkacsa értette volna, szárnyaival verdesni kezdett. Mellkasát látványosan megemelte mintegy célpontul szolgálva a reá vadászó Buckley-nak.

– Nevess, Sissy! – intett neki a másik három kacsa. – Nincs a puskájában lőszer! – láttak bele a fegyverbe a jószágok, erre társuk felszállt, és körözni kezdett a vadász felett.

– Nyamm, kacsapecsenye! – nyelte a nyálát Buckley. Ujja megremegett a ravaszon, majd próbálta rajta tartani az irányzékot. Aztán: lőtt! És ahogyan a kacsák is megállapították, valóban nem volt benne lőszer. Kisebbet pukkant, mit egy luftballon. Buckley megvakarta a fejét, s ahogyan lenézett a csizmájára, észrevette a három kacsát.

– Pimaszok! – förmedt rájuk, mire azok nevetve, hápogva felszálltak.

A kacsavadász feje felett köröztek a tökéletes pillanatra várva, hogy kiürítsék belüket. Buckley térült-fordult, a híg ürülék pedig végigfolyt a vállain és a haján.

– Micsoda tiszteletlenség! – háborgott ökölbe szorított kezét fenyegetően az ég felé tartva. – Tiszteld a vadat és a természetet! És engem ki fog? Kacsa nélkül nem térek haza! Boldog-boldogtalannak mondtam, hogy kacsázni indulok. Az égig nyúló fák lombjára esküszöm, üres kézzel nem megyek haza!

Kievezett a partig. Vagyis inkább csak evezett volna, mert az evező félúton eltört. Kezeivel behelyettesítve próbálta kijuttatni magát a partra. Három órával később belátta a küldetés lehetetlen mivoltát, felállt, és beleugrott a tóba. A látszat ellenére nem volt mély, csak pontosan annyira, hogy Buckley csizmanadrágja megteljen vízzel. A lápban és a tavi növényekben elakadva haladt. Kimerülve ért partot, majd elterült, akár egy megtermett, kövér, nyálkás varangyos béka. Háromnegyed órán át pihent, miközben észrevette, hogy valami mozog a csizmájában. Szíve a rémülettől nagyot dobbant. Felpattant, és mint akit ágyúból lőttek ki, úgy rántotta ki lábát a csizmából. Aztán gyanakvóan figyelte, ahogy a lény, ami hozzáért a lábához, magától kivergődik. Látványosan mozgolódott benne, de a kétméteres ruhadarabból nem találta a kiutat. Buckley megszánta. A csizma alsó feléhez lépett, majd sarkánál fogva felemelte, és kiöntötte a tartalmát. Három tükörponty tehetetlenül tátogva nézte, hová került.

– Talán jobb lett volna, ha inkább horgászni indulok – vakarta a fejét Buckley, és nagyon szimpatikusak lettek neki a véletlenül kifogott halak. Elgondolkodott rajta, hogy vajon a kíváncsiság vagy a sajtszagú lábai vonzották-e be őket a csizmájába. De igazából mindegy is volt. Próbálta megfogni nyálkás testüket, majd amikor sikerült, egy nagyobb bevásárlótáskába tette őket. Vízzel felöntötte, aztán szorosan megcsomózta. A halak kétségbeesetten összenéztek.

A zötyökölődő út Buckley lakásához vezetett. Ingatag léptek egy kádhoz vitték őket, ahol ismét érezhették a szabadság édes ízét. Illetve vizét. Izét. Nos, mindegy volt valójában, hogy melyiket, mert Buckley nem elfogyasztás céljából vitte őket haza. Nagyon megkedvelte a szépséges halakat. Egy rossz szavuk sem volt az úton. Az egyhangú tátogásukból semmit sem lehetett érteni. Buckley vizet engedett, és mindenféle haleleséget szórt be nekik. A pikkelyes jószágok önfeledten fickándoztak, bár hiányolták megszokott környezetüket. Miként fogják tudatni ezzel a bárgyú kacsavadásszal, aki halakkal tért haza, hogy vigye vissza őket? Összenéztek pislogásmentes szemeikkel, majd bánatos gondolataik közepette vágyódtak vissza pet-palackokkal teli tavukhoz. Vajon rá tudják venni ezt a féleszű cickányvezért, hogy visszavigye őket? Néma szavukat nem volt senki, aki érthette volna.

Egyébként, kedves olvasó, te talán beszélsz halul?

Buckley mentségére legyen mondva: minden állatot szeretett. A halakról való elszánt gondoskodását másfél nap múlva fel is adta. Látta a bánatos halak könnyeit, és megesett rajtuk a szíve. Hát miféle vadász az olyan, aki kacsák helyett halakkal tér haza?

Beletette őket egy vízzel teli lábasba, és főzés helyett visszavitte őket a tóhoz. Ott derékig belesétált a vízbe és szabadon engedte őket. A három boldog hal elégedetten integetett uszonyával, majd egy utolsó tátogás kíséretében elmerültek kedvenc tavuk ismerős részében.

A fák közül közben kacsák bukkantak elő, és még mindig a két nappal korábbi kalandjukat mesélték társaiknak egy bizonyos lúzerről.

– Láttam, ahogyan kiöntötte a csizmáját, és halak voltak benne, háp! – kacagott fel az egyik.

– Én meg a seggére tapadt, vizes alsógatyáját néztem, háp! Micsoda formás idomai voltak – vörösödött el a tojó kacsa szemérmesen.

Buckley tekintete erre a hápintásra a hang irányába terelődött. Pillantásuk összeakadt a barna tollú nősténnyel, és mintha megértésre leltek volna egymás szemében.

A férfi ezután gyakran visszajárt a kedves kacsa miatt, de a gácsérok ellenezték az édesvízi románcot.

6. Buckley és a halloween ártó szellemei

Október utolsó hetét mutatta a beporosodott öröknaptár, amit Buckley lustaságból sosem forgatott. Sötét volt már a kosztól, akár halloween ünnepe. Buckley ráadásul egész évben félt, mert azt olvasta, hogy a holt lelkek visszajárnak. S miért csak egy napon tennék? Gyakran hallott huhogást és lánccsörgést. Meg sem fordult a fejében, hogy a kakukkos órába egy kisegér költözött, és az keltette a hanghatásokat. Nem járt utána a dolognak, megtanult együtt élni vele. Ahogyan a magányos éjszakákkal is. Senki sem hívta meg halloweeni buliba, hiába próbálta meghívattatni magát. Az elutasításokat cselekvés követte: Feldíszítette a lakását az ünnepre boszorkányos lampionokkal, narancssárga, lila és fekete léggömbökkel. Készített vodkás italokat, és füstköddel telítette be a lakást. Szomszédjai egyből kihívták a tűzoltóságot, mire Buckley feketére kent szemekkel és fehérre mázolt arccal nyitott ajtót.

– Segíthetek valamiben? – nézett rájuk, azok pedig rémülten ugrottak kétlépésnyit hátra.

– Azt mondták, tűz van önnél.

– Ez valami tévedés, kérem. Halloweeni bulit tartok. Szeretnének csatlakozni?

– Nem – mondták kórusban a fejüket rázva a tűzoltók. – És kérjük, hogy ne szellemeskedjen!

– Hiszen csontváznak öltöztem – tárta ki Buckley szélesre az ajtót megmutatva jelmezét. – Elnézést a felesleges fáradozásukért! Jó utat! – És azzal becsapta az orruk előtt az ajtót.

A rémisztő zenét felhangosította, a függönyöket behúzta, és meggyújtott huszonkettő és egynegyed gyertyát. Gyerekkora óta imádta ezt az időszakot. Esténként körbejárta a szomszédokat, és édességet osztott-szorzott, kunyerált.

A legkülönlegesebb alkalmakkor előkereste szellemtábláját, és próbált holt lelkeket megidézni. Az egyik ilyen alkalommal még arra sem volt szükség, hogy ujjait a mutatóra helyezze. Két, boltban vásárolt, előfőzött virslit tett rá ujj gyanánt, míg kiment ketchupért, s mire visszatért, a mutatóról azt olvasta le, hogy a szellem nem kéri. A mustárt szerette.

Az idő telt. Először előrefelé haladt a mutató, majd miután megunta, visszafelé is megtette köreit. Negyed tízet kellett volna mutatnia, azonban a mutatók nyújtózkodni kezdtek, és mosolygó arccal nézték, mit művel Buckley. A pincéből hozott fel valódi, pók szőtte hálókat, és mindenfelé széthúzta és elkente őket.

– Így ni! Ezzel is megvolnék – állapította meg elégedetten. – Kilenc hónapja készülök erre a hétre. – Porral nem kellett semmit sem beborítania, hiszen már évek óta nem takarított. A pókok nem kedvelték a lakását, de a hangyák napi szinten önfeledten buliztak a hűtőszekrény és a konyhapult közelében. Buckley nem bántotta őket. Rendszeresen hullottak le morzsák az újabb jövevények táplálására.

Buckley kevert egy Bloody Mary koktélt, amibe saját vérét is belecsempészte. Ugyanis véletlenül, amikor a paradicsomot szelte, az ujját is megvágta, s míg a kötszert kereste, a pohár fölé tartotta véres ujját. Igazán különleges ízvilágot eredményezett! Már egy pohár is elég volt, hogy kellően ittas legyen. A gondolatai lefagytak, a fogaskerekek leálltak a fejében, és átadta magát az önfeledt kikapcsolódásnak. Miután pár perc alatt megitta a háromliternyi koktélt, a szoba forogni kezdett vele. Az öregek mindig azt mondták neki, hogy ha álló helyzetében meg tudja számlálni a helyiségek sarkait, akkor nincs baj. De a szoba nem állt meg. Egyre gyorsabban és gyorsabban pörgött. Így történt, hogy egyetlen sarkot sikerült kilenc és félszer megszámolnia. A koktél hatott, és bokszkesztyű nélkül is kiütötte Buckley-t. Elterülve a földön, fejét fogva várta, hogy az ital hatása alábbhagyjon. Esés közben még egy monoklit is sikerült szereznie. Az esést az asztal sarkával csillapította.

A halloweeni lemez pörgött a lejátszón. Buckley-nak sikerült egy valódi sikoly bakelitet szereznie az egyik lomizás alkalmával. Micsoda kincs! Valaki, aki nagyon ráért, egymásutánban felvette egy nő halálfélelemmel vegyült sikolyait. Annyira élethűen szólt, hogy a szomszédok frászt kaptak félelmükben. Kopogtak, csöngettek és várakoztak. Azt gondolták, hogy az ajtó mögött gyilkolnak valakit.

Idő kellett hozzá, hogy Buckley összeszedje magát. Kezdett bedagadni a bal szeme, maradék látása pedig az alkoholos befolyásoltság miatt teljesen homályos volt. Negyvenhárom százaléknyi szeme világával elkúszott az ajtóig, majd a kilincsbe kapaszkodva felállt, aztán kinyitotta az ajtót.

– Mi van már megint? – nézett rájuk feldúltan.

– Sikoltást hallottunk – vonta össze ráncos szemöldökét a néni, amitől a homloka kiegyenesedett. Talán mindig így kellett volna néznie, és tizenöt évvel fiatalabbnak hitték volna. Férjura mögötte állt fehér, bordázott trikóban és szürkéskék, csíkos alsónadrágban. Viharvert szemüvegének üvege olyan volt, mint három szódásszifon egymásra forrasztva. A háta mögött sokan vakegérnek hívták az öreget. A látásával nem is volt gond, inkább a hallásával. Mert az viszont bődületesen rossz volt. Azt is mondhatnánk, hogy tök süket volt. Mégis ha olyan hangok szűrődtek át a falon, aminek rossz volt a rezonanciaszintje, azt azonnal jelezte a feleségének. Aki egyből a sodrófája után nyúlt. Állandó jelleggel, egymást támogatva csinálták mindent. Ezért nem tűnt fel még a boltban sem, amikor a néni gyújtotta meg a bácsi pipáját, majd arra aggatta a bevásárló szatyrát.

– Hallucinálnak – bagatellizálta el Buckley a szomszédok zaklatását.

– Sikoltást hallottunk. A férjem is megmondhatja – ismételte a néni.

– Az csak a hangaláfestés volt. Nem kell félniük – nyugtatta meg őket Buckley.

– Mikor kapcsolja le? Mikor hagyja abba ezt a maskarás házibulit?

Buckley a karórájára nézett, amelyből egy kakukk kacsintott vissza rá, majd szárnyának végével az óralap dátum felületén a vasárnapra mutatott.

– Vasárnapig tart a buli – nézett fel, de addigra a monokli már átvándorolt a másik szemére.

– Ajánljuk is magának! Szeretnénk békében eltölteni öreg napjainkat – förmedt rá az öregasszony. – Ki tudja, még mennyi időnk van!

– Az a legkevesebb – húzta mosolyra a száját Buckley. – Vigyázzanak magukra! Nyugodjanak békében! Szép álmokat! – csukta be az ajtót, és félhangnyit lejjebb vette a hangerőt. A buli java csak ezután jött. Este tizenegykor jelmezbe öltözve kiment a temetőbe, és az egyik kriptánál gyertyákat gyújtott. Amikor a templom toronyórája elütötte az éjfélt, szellemidéző táncot lejtett kezében sámándobbal, egy különös verset kántálva.

Hajnalig tartott a mulatság. Aztán hazaslattyogott, és kimerülten terült el az ágyon, hogy egy év múlva újra megismételhesse.

7. Buckley állást keres – nagyítóval!

Buckley felnőtt élete egy mérföldkövéhez ért. A főiskolai sikertelen jelentkezés és meghiúsult elvégzése után a helyi áramszolgáltatónál meghirdetett recepciós állásra jelentkezett. Szerencséje volt, hiszen a hirdetést egy út mentén, annak egy elhagyatott szakaszán helyezték ki. Így pusztán véletlenül, egy átutazó kalandortól jutott el hozzá a hír, hogy várnak önéletrajzokat. Tudta, hogy felvillanyozó munka lesz minden tekintetben. Hamar beadta az önéletrajzát, amit nagyítóval nézett át, hogy hibátlan legyen, majd reménykedve várta, hogy visszaírjanak vagy felhívják. Még fél óra sem telt el, amikor megcsörrent a telefonja, és behívták interjúra. Bár jóformán semmit sem értett a munkához, és csak egyetlen érv szólt mellette: tudta, hogyan néz ki egy villanyszerelő.

Korábban az alkalmas jelölteket is alkalmatlannak találták, így Buckley felé nagy reményeket tápláltak. A gondosan elkészített önéletrajzból helyenként kilógott a lóláb. Legalább hatot tűzött a széleihez rajzszöggel. Próbálta magát talpraesettnek és problémamegoldónak feltüntetni. Az interjúztató a helyi iroda vezetője volt, mellette pedig asszisztensnője foglalt helyet. Buckley szájtátva lépett be az irodába, szemei megakadtak az aszimmetrikusan lógó képeken. Illedelmesen kezet fogott az interjúztatókkal, majd helyet foglalt nekik háttal. Köztük egy hosszúkás, fehér asztal állt lapjára fektetve. Az asszisztensnő előkereste az önéletrajzot, kettétépte, majd az igazgató elé csúsztatta. Főnöke a szemüvege alatt olvasgatta, közben Buckley idegessége láthatóvá vált, ahogyan a kezeit tördelte a zsebében bevitt téglán.

– Szóval... az ön neve Buckley Brown. Látom, befejezte az iskoláit, de korábbi munkahelyeket nem látok – állapította meg.

– Ez lenne az első munkahelyem – vont vállat Buckley.

– Az állást három- vagy ötéves munkatapasztattal rendelkezőknek hirdettük meg. Ebből a szempontból sajnos...

– Tudom, hogy ellenem szól, hogy pályakezdő vagyok. Mindenhol ez az ok. De igazán adhatna egy esélyt – mondta Buckley.

– Esélyt az esélytelennek. Ironikus. Az interjút meg kell tartanunk, mert a munkaügyi hivatalnak el kell küldenünk az eredményt – súgta az asszisztens a főnök tapsifülébe.

A férfi mély levegőt vett, felnézett a papírjaiból, és arcán széles vigyor jelent meg. Tudta, hogy alaposan meg kell szorongatnia ezt a mihaszna kis fickót.

– Ön szerint mi egy recepciós dolga?

– Eligazítani az ügyfeleket? – kérdezett vissza Buckley bizonytalanul.

– Ez most nem az az interjú, ahol ön kérdezhet. Ezt ugye tudja? – emlékeztette a főnök.

– Pedig nekem kellene megtudnom, hogy milyen munkára jelentkezem.

– Dörzsölt alak – súgta az asszisztens. – Látszik a zakóján, hogy a fal mellett jött.

– Hogyan látja magát öt év múlva? – kérdezte a főnök.

– Ha a jövőbe látnék, akkor lehet, hogy ma el sem jöttem volna ide – tanakodott hangosan Buckley.

– Jó, ez igaz. Következő kérdés. Mit vinne magával egy lakatlan szigetre? – nézett fel a férfi magabiztosan.

– Ezen még sosem gondolkoztam. Viszont ha ott lennék, már nem lenne lakatlan – jött a frappáns válasz. Az asszisztens és a főnök összenézett. Közben a férfi már eldöntötte magában, hogy Buckley-t biztosan nem veszi fel az állásra. Már csak egyetlen kérdés volt hátra a totális bukáshoz, és mehetnek is ebédelni.

– Mondja csak, ért ön a kávégéphez?

– Szerelni kell vagy kávét főzni? – kérdezett vissza Buckley agyafúrtan.

– Feladom! Megőrjít ez a pasi! – vágta földhöz a papírjait a főnök.

– Mi az anód párja? – kérdezte a helyzetet mentve az asszisztens.

– Arnót?

– Anód. Tudja, ez egy elektronikával kapcsolatos kifejezés. Tanult fizikát az iskolában?

– Igen – sóhajtott Buckley. – Ezen a válaszomon múlik, hogy felvesznek-e?

– Lehetséges – válaszolta kétkedve az őt kérdező nő.

– Akkor nem tudom – hajtotta le Buckley a fejét szomorúan.

– A válasz tökéletes! – pattant fel a férfi, és elégedetten rázta meg vagy százszor Buckley kezét. Mivel ő sem értett a fizikához, mástól sem várhatta el. Csupán a formalitás kedvéért csinálta végig az interjúztatásokat, amit nagyon unt, de beletartozott a munkakörébe.

Buckley másnap kezdhetett. Elfoglalta a helyét, és mindenkit, aki betért az irodába, elirányított jobbra vagy balra. Igazából mindegy volt, hogy melyik részleget keresték, Buckley-t nem tájékoztatták arról, hogy kinek mit mondjon. Ha ötlete sem volt, ezért feldobott egy érmét, és aszerint mondta az irányt. Sokan bolyongtak akár napokig is emiatt az épületben. Kémek, titkos ügynökök, késes és bombás merénylők, bankrablók meg mindenféle veszélyes alak. Kezdtek is félni az ott dolgozók.

Eltelt két nap, és a teljes cégvezetés nagyon meg volt elégedve Buckley munkájával. Előbb három nap pihenőt, majd végtelen szabadidőt adtak neki. Mindehhez elég volt egyetlen önkéntes felmondólevelet aláírnia. Az indoklás részt kihúzták. Így: húúúúúúúúú. Buckley ugyan kérdőn nézett vissza, de azt mondták, ez a szokás. Fejét vakargatva nézte, de nem értette.

Elszontyolodva hagyta ott az épületet, élete első munkahelyét, de az lebegett a szemei előtt, hogy rá még sok feladat vár a nagyvilágban, csak meg kell találnia őket. És már tudta, mivel fogja keresni: fémdetektorral, fényszórókkal, ásóval, kapával, nagyharanggal, golyóstollal, páncélököllel és nagyítóval.

8. Buckley és a kicsi zöld űrlények

Szerda volt, két nappal azután, hogy Buckley-t kirúgták a munkahelyéről. Magányosan kódorgott, és el sem tudta képzelni, hogyan lesz az élete ezután. Nagyon megszokta már, hogy ellébecolja munkahelyén az időt, így azonban tehetetlennek érezte magát. Nem akart új életet kezdeni. Szívesebben folytatta volna a régit. De azt bármennyire erősen is szerette volna, nem lehetett.

Éjjel tizenegy óra felé járt, amikor Buckley elszontyolodva sétálgatott a város egy távoli pontján. Az út egyik oldalán búzatábla, a másikon rét terült el. Errefelé már csak a céltalan utazók fordultak meg. Sokan állították, hogy az iránytűk és a karórák megkeverednek ezen a szakaszon. Buckley-nál ugyan egyik sem volt, csupán egy falióra ketyegett a hátizsákjában, mellette egy mosolygós aranyhallal, ami egy zacskó vízben fickándozott. Régóta vágyott rá, hogy legyen háziállata. Bár egy idő után maga is belátta, hogy mindegy, milyen állatot vesz vagy fogad örökbe, mindegyiket gondozni kell. Például: sétáltatni. Nappal zakkantnak nézték, és főleg Trisztánt, az aranyhalat sajnálták, az azonban önfeledten lubickolt a zacskójában, majd fáradtan nyúlt el az akváriuma mélyén hazaérkezéskor. Az egész napi szüntelen tátogás teljesen kimerítette.

Azon az estén viszont történt valami. Az ég zöldes-lilás-ezüstös-türkizkékes, helyenként bordós színű fényben pompázott, telis-tele csillagokkal, csillagképekkel, hullócsillagokkal meg olyanokkal, amik egy madzagról lógtak lefelé. Buckley messzebb pedig egy tányérszerű repülőt pillantott meg. De mivel sok ilyet látott már, nem vett róla tudomást. Régen vágyott rá, hogy ő legyen az új Fox Mulder, de megszállottságát inkább más területeken kamatoztatta. Például lányok zaklatásával, pirománkodással vagy éjszakai temetőlátogatással.

Nos, míg az úton ment, kezében a zacskót szorongatva (benne az aranyhallal), észrevette, hogy egy csészealj mind közelebb és közelebb jön, míg végül a réten landol. Morgolódást lehetett hallani – eltévesztették a leszállási pontot! Mindenki tudja, hogy búzatáblák a legalkalmasabbak landoláshoz, mert nyomot lehet hagyni rajta. Itt meg majd nem fog látszani semmi sem! De már mindegy volt.

Hatalmas fény áradt a csészealjból, majd percek múlva kinyílt az ajtaja, és három kicsi zöld lény sétált ki belőle. Ránézésre akkorák voltak, mint két hangya egymás nyakában: parányiak, bár ahogyan közeledtek, úgy nőttek. Buckley lábai földbe gyökereztek. Aranyhala is nagy szemekkel bámulta a jelenetet, ahogyan a földönkívüliek közelítettek. Hatalmas fekete szemekkel, kopasz fejjel rendelkeztek, mely utóbbi kráteres jellegű volt. Araszolós lépteikkel Buckley felé tartottak, miközben idegen nyelven „beszélgettek" egymással. Emberi fül számára inkább hallatszott hablatyolásnak, vagy olyasminek, mint amikor az ember gargalizál. Pont olyan hangok jöttek ki a torkukból. Ahogyan közelebb értek, akkor vált nyilvánvalóvá, hogy az egyikük majdnem kétméteres, míg társai alig voltak hatvancentisek. Megálltak Buckley előtt, majd szemükkel próbáltak kommunikálni. Buckley sajnos elveszett a feneketlen, fekete mélység rejtelmeiben, és bármennyire is erőlködött, semmit sem tudott kiolvasni belőlük.

– Nyitott könyvek vagyunk előtted, Buckley Brown. Miénk a világ minden tudása. Kérdezz! – szólalt meg a kisebbik űrlény.

– Honnan tudjátok a nevem?

– Embriókorod óta követünk téged. Hisszük, hogy benned van, ami az emberiséget jobbá teheti. És ezért te leszel a mi földi hírmondónk – szólt közbe a magasabbik űrlény. – Mi az ott a kezedben?

– Trisztán, az aranyhalam – emelte fel Buckley a zacskót.

– Miért nem engeded el?

– Esténként szoktam kihozni egy kicsit…

– Milyen megható! Ne növesszünk neki lábakat? Csupán egy mozdulat… egy csettintés.

– Hal… nincs rá szüksége – rázta Buckley a fejét.

– Tehát akkor kérdezhetsz tőlünk!

– Igazából semmit sem szeretnék tudni… nagyon jó az életem.

– Komolyan? Hiszen sem barátnőd, sem állásod, sem pénzed, és az éjszaka közepén halat sétáltatsz.

– Valóban – állapította meg Buckley, és ekkor jött rá, hogy tényleg mindent tudnak róla. – Elvinnétek magatokkal?

– Mármint hogy elrabolnánk-e? – fordította át a kérdést a kétméteres űrlény.

– Úgy van!

– Nem – felelte röviden az alacsonyabbik.

– De miért?

– A füleid miatt. Túlságosan emberi vonás. Amiatt nem vihetünk el.

– És a halat?

– Nincs hová tennünk – azzal a két űrlény sarkon fordult, és csigalassan visszaballagtak a repülő csészealjhoz. Bezárták az ajtót, majd emelkedni kezdtek. Ismét hangos hablatyolást lehetett hallani. A csészealj felemelkedett, átrepültek a fás területen, majd a bokros rész felett is, és leszálltak a búzatáblán. Órák hosszat várakoztak, míg a jármű alatt lapult és formázódott a búza, majd kora hajnalban felszálltak, és eltűntek. Buckley végignézte a folyamatot. Kis híján állva elaludt az unalomtól, majd komótosan hazasétált.

Halacskája addigra már kialudta magát bőségesen, kétszer is.

9. A tündérlányok az útkereszteződésben teremnek

A legenda úgy tartja, hogy ha egy elhagyatott útkereszteződés közepére leteszünk egy cserepes szobanövényt, azon tündér fog teremni, aki az életünk minden területét helyrehozza. Fontos megjegyezni, hogy az útkereszteződésnek ehhez mértani pontosságúnak kell lennie! Minden részben kilencven fokos szöget kell bezárnia. Ha ettől egyetlen fokkal is eltér, az egy genetikailag hibás tündért eredményez! Amely persze szerethető, de mégsem tökéletes.

Láttál-e már, kedves olvasó, tündért? Most persze emlegethetnéd a filmekben vagy mesékben korábban már látott kecses szépségeket, akik bűbájos mosolyától még a legkeményebb szív is megenyhül. De itt nem ilyenekre gondolok. Sőt, nem is angyalszárnyakon repkedő csodákra, hanem olyan varázslatos lényekre, akik a koboldokhoz hasonlóan képesek gombák száránál vagy virágok tövénél megteremni. Nos, Buckley egyszer egy fémdetektoros társ- és pénzkeresés alkalmával akadt egy elnyűtt virágcserépre, benne egy félig kókadt növénykével. Már csak egyetlen zöld szára volt, aminek tetején egy száradóban lévő fehér virág pihent. Vagyis inkább várta, hogy az utolsó csepp életereje is elfogyjon, és teljes egészében átadja magát az enyészetnek. Mindenesetre egyáltalán nem nyújtott szép látványt. Inkább olyat, amit az ember könnyedén dob be az egyik útba eső szemetesbe, és ezzel megszabadul egy helyrehozhatatlan tehertől. Kivéve Buckley-t, akit legelőször a cserép szépsége ragadott meg. *Miféle ember az, aki egy ilyen vidám, mozaikos cserepet kidob?* – gondolta magában. – *Biztosan rossz ember, hiszen a mondás is úgy tartja: „Ronda embernek még a szép cserép se kell.”* – Betette tehát gyűjtőtáskájába, és folytatta tovább a keresgélését. Igazából bármi érdekelte, ami egy kicsit is kedves volt a lelkének: elhagyott koktélospoharak, rozsdás csavarok, középkori pénzérmék vagy napi szinten romló aktuális devizák.

A reggeltől estig tartó keresgélésben elfáradva leült egy ház bejárata elé, és elégedetten nézte át a holmikat. A szeme megint megakadt a kókadt növényen. Kiemelte a táskából, és vizsgálgatni kezdte. Ekkor pillantott meg rajta egy lényt. Egy tündért! Egy valódi, miniatűr tündért, aki unottan, láblógatva üldögélt a cserép szélén. Félt, hogy talán nem érti az emberi nyelvet, ezért tündéül próbálkozott, amit már Tolkient olvasva sem értett egyáltalán:

– Hronnan hrjöttél? – kérdezte a két nyelvet keverve, mire a tündér felállt, és a virág szárába kapaszkodva igyekezett megérteni, amit kérdeznek tőle.

– Tudsz emberül? – nézett Buckley-ra a csöppség ragyogó zöld szemeivel. Rövidke szoknyája és karcsú dereka volt. Fehéren vakító szárnyaival rajzfilmfigurákra hasonlított.

– Haranginu, így hívnak – mutatkozott be a szépséges tündérke.

– Én Buckley vagyok. Buckley Brown. Becézhetlek? Mondjuk, Ginunak vagy Ginának? Ahogy neked tetszik.

– Nem! – vágta rá határozottan a tündér. – A Buckley-t talán becézik?

– Nem – ingatta a fejét a férfiú.

– Akkor engem sem kell. Apám a Hold, anyám a harangvirág. A napfény adott erőt, a szeretet pedig táplált. Tápsót is kaptam, és attól indultam rothadásnak. Aztán egy mozdulattal kidobtak az ablakon. Biztosan ronda látványt nyújtottam… – mesélte elszomorodva a kis lény.

– Hogy tudnék segíteni neked? – töprengett el Buckley.

– Nekem a cserép az otthonom. Benne van minden gyökerem. – S ahogy ezt kimondta, levette fehér virágkalapját, és leugrott a cserépről, majd közel százhetven centissé nőtt. Lehajolt a cserépért, hóna alá kapta, majd megmentőjére nézett. – Csak te tudsz nekem segíteni, csodálatos Buckley Brown! Kívánságokat nem tudok teljesíteni, szóval ne kérj tőlem se pénzt, se szerencsét, se munkalehetőséget. De kalandunk végén megjutalmazlak. Együtt kell meggyógyítanunk a beteg növénykémet, amit egy útkereszteződésnél kell elhelyezni. Aztán várunk… Együtt kell várnunk a csodára, a sült galambra, meg talán egy tündérfiúra, akivel majd közösen új növényt hozhatok létre. De most rettentően fáradt vagyok. Vigyél el az otthonodba! – akaszkodott rá a pimasz kis tündérke.

Buckley bólintott, karjaiba kapta a tündért, és cipelni kezdte. Valahol a tollpihe és az ólomsúly között lehetett. Míg mentek az út végtelenségében, azért mégiscsak megfordult Buckley fejében, hogy miféle tündér az olyan, aki nem tud csodákat tenni. Pár lépést haladtak hátrafelé, amikor Haranginu felkiáltott:

– Nézd! – És egy kétszáz emeletes, ablakokkal teli épületre mutatott, ami a semmiből bukkant fel előttük. – Onnan dobtak ki. Ajándék voltam, de nem öntöztek, és túletettek. Azért lettem pufók. – Arcát akkorára fújta, hogy inkább emlékeztetett gömbhalra, mint tündérre. – Ha megtaláljuk a helyemet, akkor gyökeret verek – határozta el.

Buckley egyre jobban szimpatizált a kedves lénnyel, annak ellenére, hogy azt egyetlen dolog vezérelte: Kihasználni bárkit, akinek csak egy kicsit is megesik rajta a szíve. A férfi nagyon elfáradt, és ezt látva Haranginu próbált rendes lenni.

– Ha már nem bírsz el, akkor inkább a hátadra mászom.

– Tudsz járni? Mert szerintem annyira nem nehéz – ajánlotta Buckley, de mintha a tündér sértésnek vette volna.

– Majd ha a növénynek lesz ereje, akkor nekem is! – fonta össze a karjait, tudomást sem véve róla, hogy ezzel Buckley-t majdnem megfojtotta. Végül csak hazaértek a férfi otthonába. Haranginu vagy milliószor elmondta, hogyan lehet életben tartani a növényét, de megmentője abszolút nem értett hozzá. Így a tündér hordta körbe a lakásban. Végül az ablakpárkányra helyezte, és hagyta, hogy a holdfényben sütkérezzen.

– Hónapokig fog tartani, amíg helyre jön – állapította meg. – Remélem, nem bánod a dolgot.

– Egyedül élek, bírni fogom – intézte el Buckley egy vállrándítással, mert akkor még nem ismerte a tündérek idegesítő tulajdonságait. Pedig abból sok volt. Például szeretett fejjel lefelé a csilláron lógni, akár egy denevér. Vagy meztelenül járkálni a lakásban, és nem törődött azzal, hogy a szárnyairól lehulló csillagpor mindenhol ott marad. Talált egy sámlit, és mindig arról nézett le Buckley-ra mérges szemekkel. Az ablakból kenyérdarabkákat szórt az emberek fejére, de a szemtelen madarak felcsipegették mindet.

Amikor már több mint fél éve éltek így, Buckley nagyot sóhajtott. Meddig kell még várakoznia? Persze azt nem tudta, hogy Haranginu virágját neki kellett volna gondoznia. A tündér ugyanis félrevezette. Azt hazudta neki, hogy minden tündér gondozza a saját virágját. No, most vagy a virág nem tartozott valójában Haranginuhoz, vagy a tündér a virághoz. Már tényleg csak egy aprócska szár várta a véget a cserépben, amikor Buckley úgy döntött, hogy magához veszi, és meggyógyítja. Először is, átültette friss cserépbe, amit madármintájú kaspóba helyezett. Majd megöntözte, és még trágyát is szórt a felszínére. Igaz, azért a félmaréknyi trágyáért harminc kilométert kellett utaznia taxival, majd gyalogolnia hazáig. A taxis ugyanis nem várta meg. Haranginu nem ment vele. Jobb dolga is akadt ennél. Rájött, hogy a szépsége megőrzéséhez szerelemre és szeretetre van szüksége. Buckley nem tekintett rá nőként, hiszen tündér volt. A könyvei szerint – amiket a sok por miatt egy ideje már nem olvasott – a tündék nemtelenek. Bár lehet, hogy ezt összekeverte az eunuchokról szóló könyvben olvasottakkal.

– Buckley, nekem férfi kell! – csattant fel, amikor a kirándulásból kifáradt megmentője belépett az ajtón.

– Neked egy hímnemű tünde kell – javította ki Buckley. – Itt ilyen nincs. Szóval szerintem meggyógyítom a virágodat, és utána elválnak útjaink. Mit szólsz? Még segítek is keresni neked egy tökéletes útkereszteződést.

Haranginu tapsikolt örömében, bár megfordult a fejében, hogy Buckley-ból is remek tündér válhatna. Ám varázslat híján nem lehet átváltoztatni.

A növényke időközben kezdett életre kelni, és ez mindkettejüket szomorúsággal töltötte el, hiszen az együtt töltött idő elmúlását is jelezte. Néha Haranginu próbált letörni egy-egy levelet, de akkor Buckley ráordított, mintha oroszlánüvöltés tört volna ki belőle. Ezért bármennyire is nehéz volt, közeledett az elválás pillanata. Már csak egy cserepes virágnak való ideális helyett kellett keresniük. Persze lehetőleg olyat, ahol tündérfiúk is teremnek.

Haranginu hóna alá kapta az ismét életerős növényét, és várta, hogy Buckley összepakolja az úthoz szükséges dolgait. Először úgy tűnt, órák alatt kész lesz, de tévedett. Egyrészt, mert Haranginu végig olyan órát bámult, amiből kifogyott az elem, és mindenféle könyörgés ellenére sem mozdult meg. Így igazából nem is tudták, hogy mikor keltek útra, mert addigra már többször beesteledett.

Buckley előkereste régi lomjai közül a kézikocsiját, tanulva az előző cipekedésből, hátha szükség lenne rá. Tudta, hogy Haranginu szereti a kényelmet. De a tündért hajtotta a szerelem olthatatlan vágya. Le sem tette a virágját, csak ment előre mezítláb. Lélekben két méterrel a föld felett járt, ezért nem vette észre az úton heverő üvegszilánkokat, lángoló cigarettacsikkeket, de még az emberhúsért mászó zombikat sem.

És most álljuk meg egy pillanatra, kedves olvasó!

Fogadok, a tündérfiúkat Haranginuhoz hasonlóan bűbájos, hegyesfülű, pirospozsgás arcú, fehérfénnyel verdeső szárnyú, eleven férfiaknak képzeled el. Olyanoknak, akikbe egy tündérlány egy szempillantás alatt képes beleszeretni. Haranginunál azonban nem jött egyből ez az érzés. Már mérföldeket mentek Buckley-val, talpukról a bőr is lekopott. Aztán egy kietlen útkereszteződéshez értek. Egyetlen fa, bokor, madárijesztő, út- vagy helyjelző tábla sem volt a környéken. Még csak nem is betonozták le az utat. Egy olyan hely volt, amiről mindenki elfeledkezett. Még az útépítők és a mérnökök is. Pedig a mértani pontosság valódi mintapéldányának tűnt! Haranginu elszomorodott, és feladta volna, Buckley azonban tudta, hogy útjuknak meglesz az értelme. Az útkereszteződés láthatóan kitaposott volta mutatta, hogy forgalmas hely lehetett úgy az ötvenes-hatvanas évek idején.

– Megvárod velem a tündérfiú páromat? – kérdezte a Haranginu pilláit rebegtetve.

– Igazán nem szeretnék zavarni – vonakodott Buckley, mert nagyon fájt volna neki új barátja elvesztése.

– Meddig kell szerinted várni? – nézett rá kérdőjelekkel a szemében a tündér.

– Napokat? – saccolta Buckley a száját félrehúzva. Vállait a füléig nyomta, és lehetetlennek érezte az erre való válaszadást.

De mindketten tévedtek, mert a tündérfiú, akit Leandernek hívtak, pontosan az érkezésük után huszonhárom perc és negyven másodperc múlva felbukkant. Az ő hóna alatt egy hosszúkás, csíkos levelű cserepes szobanövény pompázott. A cserépen pedig olyan feliratok díszelegtek, mint például: *„Széthullott álmok, összekovácsolt számok!”*, *„Nem hiszek a mindennapok szépségében.”* vagy *„Hiszel a tündérmesékben, tündérem? Én sem.”*. Kicsit sem hasonlított tündérhez. Hálósipka helyett baseballsapka volt a fején, sildje megfordítva. Fehér-zöld csíkos mellényt viselt szakadt farmerral, piros-fekete mintás zoknival. A tündékre jellemzően két dolog volt feltűnő rajta: hosszú, hegyes füle és visszakunkorodó cipője, amin egy-egy apró csengettyű csilingelt.

– Késik az órám, Haranginu – lépdelt feléjük a tündér.

– Te lennél, akit nekem szánt az ég? – hökkent meg a tündérlány.

– Igen. Engem a Tündérjóléti Központból küldtek, és ott mondták, hogy ma érkezel. Innentől kezdve együtt kell folytatnunk tündérlétünket.

– Hihetetlen. – Haranginu döbbenten vette tudomásul, és finom kezei közé zárta törékeny arcát.

Sem Buckley-nak, sem Leandernek, de még önmagának sem vallotta be, hogy a számára kijelölt tünde nem volt az esete. Vörös haj, szeplős arc, hosszú, turcsi orr, és még a szaga is émelyítően büdös volt. Nem az, aki után a tündérek epekednének.

Haranginu elköszönt Buckley-tól, átölelte, belecsípett a fenekébe, megszorongatta a férfiasságát, a fülébe pedig azt súgta, hogy visszatér még hozzá. Persze ezt a kegyes hazugságot egyikük sem hitte el. Egyrészt, mert az együtt eltöltött idő alatt a tündér sokszor hazudott. Másrészt, Buckley is hazudott neki. Harmadrészt... nincs is harmadrészt!

– Iszonylátásra, kedves Buckley! Megmentőm! – nyomott két puszit a férfi orra hegyére. Aztán Leanderhez lépett, és belekarolt. Pár lépést tettek, s aztán az útkereszteződés közepében megálltak. Cserepesvirágaikat letették a mértani középnek megfelelő pontra. Buckley-nak pislogni sem maradt ideje, máris köddé váltak.

– Viszontlátásra, Haranginu! – intett Buckley a távolba a semminek.

Egy teherautó fényszórói és hangos dudálása rántotta vissza a valóságba. Alighogy elugrott előle, keresztülgázolt a két cserepes virágon. A felkavart por beleszállt Buckley szemébe, szájába, fülébe, orrába, de még az alsónadrágjába is jutott belőle.

A küldetést teljesítette. Megmentette Haranginut, a virágot és a tündér szerelmi életét. Mert az útkereszteződésben nemcsak tündérlányok, de tündéri szerelmek is teremnek.

10. Véletlen szerelembe esés– vagy inkább egy sötét verem?

Cordelia érezte a tavaszt – minden tekintetben. A fák kivirágoztak, a macskák hangosan párosodtak, és egyre többen írtak rá üzenetküldő alkalmazáson. Akadtak, akik ismeretlenül is képeket küldtek intim testrészeikről. Szóval minden téren tele volt a levegő szerelemmel. Cordelia szíve is hamar lángra gyúlt. Csinosan felöltözve, temérdek parfümöt magára fújva készülődött randevúra. Tudta, hogy kiszemeltje azonnal elcsábul szépsége láttán. Ki tudna ellenállni kék hajának és szőke szemének? Beült a helyi bisztróba, és csak várt, várt és várt. Már fél nap eltelt, de semmi. A nagy Ő nem akart megjelenni. Maximum, ha shift+ő-t ütött volna. Bizonyára a nagy ő nem tudta, hogy Cordelia a bisztróban csak rá vár. Azt sem tudhatta, hogy ki az a Cordelia. A lány kért magának egy kávét, melegszendvicset, darakását, eperhab pudingot, két felest, almalét, szalámis szendvicset és babfőzeléket. Az órák pedig teltek. Igaz, inkább visszafelé, mert az udvarló csak nem jelent meg. A vele szemközti asztalnál Buckley várakozott. Őt is felültette a randipartnere. A férfi Cordeliával ellentétben kreatívan foglalta el magát. Előbb kártyavárat épített, majd a második világháború egyik csatáját modellezte le. Cordelia megunta a várakozást, és szívószálát szívva lépett a férfihoz.

– Téged is felültettek? – kérdezte lényegre törően.

– Igen – jött a rövid válasz úgy, hogy a válaszoló fel sem nézett.

– Mi lenne, ha egymással randiznánk? – bökte ki Cordelia.

– De nekem nem vagy az esetem – jelentette ki Buckley, erre a lány leült az asztalhoz.

Rendeltek ételt, italt, majd Buckley hazakísérte a lányt, hogy biztosan megszabaduljon tőle. Cordelia azonban mindennap meglátogatta. Vitt neki édességet, sőt egyik este még szerenádot is adott az ablaka alatt.

Buckley ekkor belátta, hogy nincs menekvés. Így aztán elvitte Cordeliát csónakázni, kirándulni, hegyet mászni, elutaztak Egyiptomba, de még Szibériában is együtt síeltek a mínusz negyven fokban. Kapcsolatuk mellőzött minden testi kontaktust. Nem volt sem kézfogás, sem csók, s emiatt sosem szeretkeztek. Buckley-nak amúgy sem ment volna, hiszen még életében nem látott nőt meztelenül. Még a saját anyját sem, mert az is ruhában fürdött, hiába kukkolta esténként a kulcslyukon át. Azonkívül titkolta, hogy kecskékkel már létesített viszonyt. Volt ugyanis egy fehér, vékonyka, hosszú szakállú az istállóban, ami nagyon kedves volt a számára…

Na de folytassuk Cordeliával:

Cordelia Tangens nem volt az a típus, aki könnyen feladja. Szorgalmasan dolgozott, akár egy lajhár. Bármilyen feladatot is bíztak rá, ő igyekezett minél kevesebb energia-befektetéssel elkerülni. Számára nem jelentett kihívást, hogy előrébb lépjen a ranglétrán, mivel ott nem volt olyan. (Amúgy is szerencsésebb elkerülni a létrákat.) A cégen belül nem volt hierarchia. Vagyis minden ilyen cím egyetlen embert, a tulajdonost illetett meg. Ő volt egyszemélyben a csoportvezető, a logisztikai menedzser, az üzletkötő, a marketinges és misszionárius. Nem élt vissza a hatalmával. Munkásai nagyon szerették volna megölni, de nem hagyott nekik rá alkalmat azon egyszerű oknál fogva, hogy be sem lépett az üzem területére. Ó, elkalandoztuk kedves olvasó…

Azt viszont még el kell árulnom, hogy Cordelia sosem volt könnyű eset az ismerkedés terén. Egyrészt, mert súlyából kiindulva sem volt az a csontkollekció, másrészt ilyen tér egyetlen városban sincs. De ezekkel mit sem foglalkozva próbált párra lelni. Ahogyan fiatal lányoknál ez lenni szokott. Kereste őket az interneten, a tengerparton fémdetektorral, mások randi-partnereiben, de még szellemkastélyokban is. Nem adta fel sosem! Ennek megkoronázásaként megjelent az életében Buckley. Így bármit megtett volna, hogy a férfi biztosan mellette maradjon. De tényleg bármit! Éjszakánként vagy az ágyhoz, vagy a saját csuklójához bilincselte, hogy nehogy ellopják mellőle, míg alszik, vagy Buckley meggondolja magát, és lelépjen.

De Buckley nem volt ilyen alkat. Ha valaki magához láncolta, akkor ott maradt, mint egy hűséges kutya. Meg aztán nem is lett volna hová mennie. Céltalanul miért járkálna az ember?! Ez az ártalmatlan kapcsolat, ami maximum a koleszterinszintjükre volt ártalmas, bizony hosszú évekig kitartott. Egészen pontosan a kritikus hetedik évig. Mert akkor Cordelia szinte banyává változott. Még bibircsókja is nőtt. Buckley-t ez teljesen váratlanul érte. Amikor megpillantotta egykori szerelmét szörnyedvényes banyaként, inába szállt minden bátorsága, és egy alkalmas pillanatban elmenekült...

11. Buckley világgá megy

Buckley szívét mélységesen összetörte a szakítás. Pedig ő lépett ki a kapcsolatból és költözött vissza a szüleihez. Három napig otthon maradt. Nem is tudott volna hová menni, hiszen beletörte a kulcsot a zárba, lakatost pedig nem találtak.

Az első napot azzal töltötte, hogy nyolc órán keresztül figyelte, hogy a szomszédos építkezésen a munkások hogyan dolgozzák ki a belüket. Miután belefáradt, táskás szemeit pihentetés nélkül a tévéképernyőre kényszerítette. Igaz, csak órákkal később kapcsolta be. Megfordult a fejében, hogy minden folyadékot, amit a lakásban talál, megiszik. Mivel azonban két nappal korábban az összes poharát összetörte, feladta ezt a tervét. Leült az elnyűtt kanapéra, elemeket tett a távirányítóba, és végre bekapcsolta a tévét. Éppen az unásig játszott kedvenc sorozatát adták le milliomodik alkalommal. Utálta a „*Rusnyák és csórók*" sorozatot, de mivel már minden részt kívülről tudott, így hát megnézte.

A falakról, polcokról még mindig visszanéztek rá a Cordéliával készült közös képeik, amiktől, úgy döntött, hogy maximum élete utolsó napján szabadul meg. És mivel nem tudta, hogy az mikor fog bekövetkezni, mindennap sanyargatta magát az emlékekkel. Még alig tíz perce ment csak az aktuális rész a sorozatból, amikor Buckley fejében megszületett a terv: világgá fog menni! Sokat hezitált, hogy mit vigyen magával. Ott vajon hideg lesz, vagy sem? De aztán egy vállrándítással elintézte. Nem vitt magával semmit. Na jó, a lakáskulcsát mégis, hátha hamar elfáradna vagy eltévedne, mert akkor biztosan visszatér otthonába, átgondolja, és újra elindul.

Buckley aztán csak ment, ment, ment, ment és ment. Mondhatnánk azt is, hogy vadregényes tájakon és csodás helyeken keresztül... De egyelőre még csak az épület lépcsőjén ért le a földszintig. Onnan kilépve szétnézett. Jobbra menjen? Balra? Egyenesen? Nem, egyenesen biztosan nem lesz jó, mert arra egy nagy tölgyfa van, ő pedig kimondottan allergiás rájuk. Mindezekkel nem törődve úgy döntött, hogy délnek indul. Megfordult. Dél felé a házba ért, így nem tűnt logikusnak. Ám mivel a küszöbön állt, ez sem tűnt jó megoldásnak. Így aztán tett két lépést, és a ház elé ért. Ott sorban kérdezősködni kezdett.

– Mondja, kérem… elnézést – kezdte. – Meg tudná nekem mondani, hogy ha világgá akarok menni, merre induljak? – kérdezte egy copfos iskolás kislánytól.

– Én a helyedben moziba mennék – vágta rá a kislány, majd otthagyta.

Buckley hosszasan gondolkodott, de mivel ő nem moziba akart menni, hanem világgá, úgy döntött, megkérdez még másokat is.

– Világgá? – kérdezett vissza nevetve egy kéményseprő. – Én a világ tetején dolgozom. Ott minden csupa por és korom. Ha világgá szeretnél menni, szerintem előbb hagyd el a várost. Fogj egy térképet, és ameddig azon be vannak rajzolva a dombok és a települések, addig menj. Ha meg elfogy a papírról a rajz, akkor az azt jelenti, hogy már a világ végén vagy.

– Teljesen logikus – állapította meg Buckley. Így is tett. Előbb visszament a lakásba, megkereste ötkilós világatlaszát, s a hóna alá csapta. Illetve csak csapta volna, mert előtte még be kellett zárnia a lakást, és a combjai közé szorított atlasszal leugrált a lépcsőn a negyedik emeletről. Párszor kis híján a nyakát törte, de úgy húsz perc múlva sikeresen le is ért.

Megállás nélkül haladt előre, amikor eszébe jutott egy félmondat, amit korábban hallott. Mégpedig az, hogy a Föld lapos. És amíg haladt előre, ez a mondat teljesen igazzá és nyilvánvalóvá vált számára. Az út előtte egyenesen haladt. Volt némi görbület, de maga az út vége egyenes volt. Buckley haladt előre. Senki és semmi nem állíthatta volna meg. Fejében ezernyi gondolat átfutott, de ő akkor sem fordult vissza. Ment, ment, ment és ment. A kilométerek fogytak a lábai alatt… az út vége azonban nem látszódott. Mivel ha az ember világgá megy, sosem tudhatja, hogy mikor ér oda. Talán egyszerűbb lett volna rollerrel, biciklivel, taxival, vonattal, repülővel vagy más járművel a világ végére menni, de mivel a „menni" szó benne van ebben a kifejezésben ezért a gyalogláson kívül nem utazhatott más módon. Ment, ment, mendegélt. Akár a mesében a legkisebb királyfi. El is fáradt. Megkérdezett közben pár embert, hogy balra vagy jobbra kell-e kanyarodnia, ha a világ végére megy, de állandóan kitérő válaszokat kapott. Mit sem törődve ezzel továbbment. Már olyan sokat gyalogolt, hogy közben azt érezte, ugyanoda ért vissza, ahonnan elindult. És igen! Valóban. A távolban már meglátta szeretett lakása ablakát. *A fene egye meg!* – szitkozódott magában. Olyan sokat ment, hogy közben ismét hazaért. Micsoda világ az ilyen! Már majdnem hazaért, amikor úgy gondolta, ez így még sincs jól. Megfordult tehát, és visszaindult, ha már ennyit ment. Nem lehet, hogy pár óra gyaloglás, körbe-körbe járkálás után újra otthon legyen. Ez ellen tennie kellett valamit. Tehát sokadjára is elindult a világvégére. És reménykedett benne, hogy most már sikerül teljesítenie reménytelen küldetését. Haladt téren és időn át, még gyerekkori önmagával is találkozott. Sőt, útmutatást is kért és kapott saját magától. Így önmagára hallgatva folytatta az útját. És milyen jól tette! Már három napja ment megállíthatatlanul, fáradhatatlanul, mígnem egy tábla állta útját. Az volt ráírva, hogy „Világvége". A tábla csípőre tett kézzel és mérges tekintettel bámult Buckley-ra, aki nagyot nyelve csak feltette az őt frusztráló kérdést:

– Csinálhatnék veled egy közös fotót?

Mire a tábla csak még jobban megnyúlt, és rettentő mély hangon így szólt:

– Igen. De ma már te vagy a negyvenedik ember, aki erre kér. Mondd csak, az emberek miért indulnak el az világ egyik végéről a másikra? Pusztán egy kép kedvéért? Kinek fogod elküldeni, ha már mindenkitől elbúcsúztál?

– Valóban – vágta homlokon magát Buckley. – De biztos akad majd, aki megnézi. Feltöltöm az idővonalamra.

– Idővonal?

– Igen.

– Az a csík, amit magad mögött húztál idáig?

Buckley megfordult. És tényleg! Egy sötétbarna csíkot húzva jött el idáig. Most csak az nem tudja, hogy idejött, akinek nem mondta.

A világvége-tábla furcsán nézett Buckley-ra, majd sarkon fordult, és továbbment.

– Hová mész? – kiáltott utána a férfi.

– Túl könnyen megtaláltál, úgyhogy másik világvége pontot kell kijelölnöm.

– És akik utánam jönnek?

– Nekik még többet kell majd jönniük és keresniük – felelte a tábla. – Mindennap teszek pár métert vagy kilométert. De az ilyen sültbolondok, mint te, mégis mindig megtalálnak. Ennek ellenére nem adom fel – mosolyodott el a tábla. Fehér arcára és sötétkék, vastag körvonalára derű telepedett. – Mihez kezdesz magaddal most, hogy meglátogattál?

– Mások mit tesznek ilyenkor? – kérdezett vissza Buckley.

– Talán hazamennek. Vagy vissza a kedvesükhöz. Ez a három opció lehetséges.

– Három? – húzta fel Buckley a szemöldökét. – Mi a harmadik? Nem mondtad.

– De mondtam. Nem figyeltél. Tele a hócipőm a hozzád hasonlókkal.

– Most komolyan. Mi a harmadik?

– Újra elsorolom: hazamész, visszamész a kedvesedhez, új életet kezdesz vagy elmész a világ másik végére. Ott elbeszélgethetsz a testvéremmel.

– Ez meg már négy opció – mutatta Buckley az ujjain.

– Francba! Sose ment a matek – rázta a tábla a fejét.

– Tehát azt mondod, hogy menjek el a testvéredhez – jegyezte meg Buckley.

– Igen. Kettőnk közül ő a bölcsebb. Vagy még ott van a két unokatestvérünk. Egyikőjük Északon lakik, a másik Délen, a harmadik meg Észak-nyugaton.

– Megint nem stimmelnek a számok! – javította ki Buckley.

– Jaj, ne légy ennyire szőrszálhasogató! – förmedt rá a világvége-tábla.

Buckley nagyot sóhajtott, majd illedelmesen elköszönt, és elindult visszafelé. A világvége-tábla felnevetett, és ő is továbbment. Időközönként ránézett az iránytűjére, de az összevissza pörgött.

– Ennek sose lesz vége! – állapította meg a tábla, s alighogy ezt kimondta, pont szemből jött felé egy újabb vándor. Keserűen felsóhajtott, majd megvárta, amíg az odaér hozzá, és neki is meghallgatta a lelki nyavalyáit. Marhára unta már, szeretett volna csak egy szimpla tábla lenni, de mindenki valami csodafélét várt tőle…

Buckley boldogan indult el a másik világvége irányába. Közben sok mindent átgondolt. A gyerekkorát, kapcsolatát Cordéliával és azt, hogy miért fogy ki állandóan a tej a dobozból. Egész egyszerűen hihetetlen, hogy vagy megromlik a dobozban, vagy kifogy. Teljességgel érthetetlen. Már nagyon unta a visszautat, mert ugyanazokat a fákat, bokrokat, virágokat és embereket látta, amikkel korábban találkozott. Se szivárvány, se unikornisok, de még temetőkapuk se zavarták meg a kilátásban. Egyszerűen csak azért, mert egyik sem volt arrafelé. Már közel háromszázhatvanöt hónapja haladt, amikor végre megpillantotta a másik világvége-táblát: Magányosan üldögélt az út szélén, és magában morgolódott. Elege volt a sok kéretlen vándorból, akiket rég nem látott testvére küldözgetett neki.

– Szép napot, idegen! – köszöntötte.

– Szép napot! – felelte a tábla. – Miben segíthetek? Mondd csak, miért jönnek napi szinten újabb látogatók? Miért annyira rossz a világon, hogy mindenki világgá, vagy legalábbis a világ végére akar menni?

– Mit tudom én! A testvéred azt mondta, hogy te tudod a választ.

– Akkor tévedett, bár szerintem inkább hazudott. Álszent, fehér alapon sötétkék körvonalas tábla! – szidta a testvérét. – Most mondd, hogy én nem vagyok szebb? – kérdezte.

Buckley ránézett, és elcsodálkozott. A tábla arca fekete alapon volt fehér körvonallal, középen „Világvége" felirattal, alatta apró kecskeszakállal. Sokkal komorabb volt a testvérénél.

– Talán mivel sötétebb vagy, gonoszabbnak, rosszabbnak gondolnak.

– És milyen jól teszik! Aki eddig hozzám jött, mind eldobta az életét. Mondd, te mit választanál? – Erre ezüstös „oszloplábán" elugrándozott kedvenc díszes ládikájához, majd felnyitotta, és sorolni kezdte: van pisztoly, méreg, kézigránát, gyógyszerek, kötél…

Buckley odalépett, és belenézett. Egyikkel sem szimpatizált.

– Nem szeretnék öngyilkos lenni – rázta a fejét.

– Micsoda finnyás vagy! – Azzal visszazárta a ládikáját. – Sajnálom, akkor nem tudok segíteni. Menthetetlen vagy. Menj vissza, és éld tovább az életedet. Boldogan vagy boldogtalanul… ezt te tudod. Bármi is van, törődj bele!

Így történt, hogy bár Buckley világgá ment, végül még a világvége is elfordult tőle, s aztán kénytelen volt visszatalálni csillámport nélkülöző életéhez.

Meg Cordelia karjaiba, aki Buckley-t a ház előtt várta, kezében sodrófával, és már nagyon szerette volna elnáspángolni világgá ment urát.

12. A vénséges vénnek gondolt Buckley egyik utolsó előtti baklövése

Buckley berozsdásodott térdeivel ült a hintaszékben, és erősen hintáztatta magát. Kaporszakálla már a földet érte, és kezdett felfelé kunkorodni. De nem zavartatta magát. Megtömte másfélméteres békepipáját, és elmélyülten gondolkodott életén. Azon is, amit már leélt, meg azon is, ami hátravolt még belőle. Saccolása, genetikai számításai és felmenői kormeghatározása alapján még úgy negyven- negyvenöt éve biztosan hátravolt. Mindennek tudatában tervezte a jövőjét. Például azt, hogy miként utazik majd külföldre vízum, engedélyek és útlevél nélkül. Már látta, ahogyan a határőrök végigkergetik a szögesdrótkerítés mellett, ő azonban légtornászi ügyességgel és gyorsasággal túljár majd az eszükön. Aztán eszébe jutott Cordelia is, aki bár már kétszer elhagyta, még most is a konyhában sütöget. Igaz, hogy házasságuk alatt ez már a harmadik konyha, amit féléven belül leégetett, de a finom főztjével mindig elnyerte a bocsánatát.

– Szépséges Cordéliám, töltenél nekem a butykosból még egy pohárnyi energiaitalt? Szükségem van erőre, hogy folytathassam a gondolkodást.

Az asszony térült-fordult kezében az odakozmált csirkecombos tepsivel, és megtöltötte az ura gyűszűnyi kis poharát.

– Egészségedre, drágám! – lehelt közben egy csókot Buckley homlokára, majd serényen vissza is ment a konyhába.

Buckley újra elmerült távoli terveinek megvalósításra váró képeiben. A hintaszék pedig tovább nyekergett alatta. Bár néha zavarta a gondolkodásban, de az, hogy egy csepp olajat is hintsen rá, csak kizökkentette volna elmélkedéséből. Álmodozásában látta magát hawaii ingben, ahogyan egy koktélbárban iszogat és bámulja a szörföslányokat. Aztán letesznek elé egy kétliteres koktélos poharat benne egy kékes-sárgás-pirosas színű itallal, cseresznyével és ananásszal, valamint harminc szívószállal.

Cordelia begyújtotta a tűzhelyet meg a konyhabútorokat, végül az egész konyhát, de aztán ahogyan látta, hogy a lángok mind nagyobbak és nagyobbak lesznek, a lelkivilága is megnyugodott. Néha szükségét érezte némi piromànkodásnak pusztán megszokásból. Amint a lángok kicsaptak a ház ablakain is, a tűzoltópalack után nyúlt, és eloltotta. A félig leégett konyha látványa felidézte benne egykori lánykorát, amikor barátnőivel egy New York-i bárban iszogatott, és Chippendale fiúk lejtettek neki éjszakánként tüzes öltáncot. Micsoda idők voltak! Most meg éli a feleségek mindennapos, szürke életét. Igaz, Buckley remek szerető, de a koktélkészítésben abszolút analfabéta.

A barátnők elmaradtak, főleg Buckley felbukkanása után. Mégis kellettek egymásnak, mint Holdnak az éj, mint napnak a fény, és mint csirkének a fejsze.

Álomba illő esküvőjük híre hetedhét határon túlra is eljutott. Megérte hirdetni újságban, rádióban, tévében és fényreklámokban is az időpontot és a helyszínt. El is ment rá boldog-boldogtalan, ha volt meghívója, ha nem. Cordelia remegő hangon, szempilláit rebegtetve mondta ki az életüket megkeserítő igent. Buckley nyaka megszorult az igában, de ahogyan kimondta az igent Cordelia bólintására felnyitották a kaloda tetejét. Hiába próbálták sokan megakadályozni, az anyakönyvvezető hölgy hitelesítette a házasságlevelet. A nő kezét legalább négy elvetemült ellenző fogta, és igyekeztek eltántorítani az aláírás megtételétől. Mindhiába. Ugyanis az anyakönyvvezetőnek a kabátja alatt lapult a harmadik keze, amivel viszont gond nélkül rányomta a pecsétet a dokumentumra.

Buckley-t a régmúlt emlékeinek álomvilágából Cordelia hangos kiáltása rángatta vissza a jelenbe:

– Manócskám, hoznál be fát?! – kérte parancsolóan.

Buckley indulatosan a térdeire vágott, melyek meg is fájdultak ettől, majd felkelt, átcsapta bal válla fölött hatalmas kaporszakállát, és kiment a ház oldalához. Onnan magához vett három hasábfát, a többire meg gonoszul nézett, magában átkozva őket, amiért majd azokat is neki kell bevinnie. Lendületesen visszament, ledobta a hasábokat a szoba közepére, és újra elfoglalta hintaszékét.

– Miért kell feladatokat adnod az elmélkedésem közepette?

– Kell a testmozgás. Így is csak a behozatalra kértelek meg, nem a favágásra. Az mindig az én dolgom… – sóhajtott Cordelia.

Buckley visszaigazította kilométeres szakállát, és próbált volna elmerengeni az idő múlásán. Szegény kakukkos órából is már régen kihalt a benne lakó kuvik. Egyhangúan figyelte a legyek repkedését, párzását, amikor Cordelia hirtelen elé toppant, és riadt tekintettel nézett rá.

– Mi a baj, szívem értéktelen gyémántja? – emelte rá Buckley zsörtölődve a tekintetét.

– Próbáltam titkolni előled, de többé már nem tudom. Gyerekünk lesz. Héthónapos terhes vagyok! – hajtotta le a fejét az nő.

– A szentségit, asszony! Hogyan történhetett? – vakarta idegesen Buckley a fejét.

– Nem vettem be a pirulákat. Elfogyott, és nem volt pénzem venni.

– Mondtam, hogy vehetsz be a kis kék tablettáimból. Most mihez kezdünk? Eladjuk? Felneveljük? Elcseréljük egy tehénre? – agyalt Buckley a helyzet megoldásán.

– Megtartanám – vallotta be Cordelia.

– És hol tartjuk? Egy polcon? Az egyik kulcsos fiókban?

– A szobádban gondoltam – árulta el a feleség.

– És én? Hol fogom élni öreg napjaimat?

– A fészerben… még üres… ott elférnél. Meg a szakállad is.

Buckley újra elmerengett. Nem is rossz ötlet. Nyugta lenne. Meg csekkjei, felszólító levelei és feljelentései. Talán jobb is lenne így. Nagyot sóhajtott.

– Mikor kell kiköltöznöm?

– Három és fél hónap múlva – számolta ki Cordelia.

– Értem – vonta le a következtetést a férfi.

Így történt, hogy bár Buckley eldöntötte, neki soha nem lesz porontya, azokon kívül, amikről nem beszélt Cordeliának, mégis megtörtént. Lehetne a Buckley név rejtélye is, de mivel *„esélytelent”* jelent, ezért nem is értjük, hogyan gondolhatta ezt. Esélytelen, hogy elkerülhető lett volna a gyerek, ahogyan az is esélytelen, hogy így befejezzük.

[Most szólt a szerkesztő, hogy megvan a karakterszám! Kedves Olvasó, remélem, minden történetet élveztél, mert ezek megtörtént események voltak! Ne… ne… még kell írnom egy szót! Hogy mit? Azt, hogy:]

VÉGE

Dr. Szekszárdi Árpád

Ki ne írjon könyvet?

1. A politikamániás, ötvenes exférj

A politikamániás, ötvenes exférjnek azért nem kellene könyvet írnia, mert:

Egy igazi bunkó. Ahhoz már túl nagy az élettapasztalata, hogy bárkivel is kedves legyen. Túl sokszor csalódott ahhoz, hogy jót tételezzen fel másokról. Ez mind üzleti megbeszéléseken, mind szexuális értelemben vonatkozik a hozzáállására. Mivel ő már nagyon sokat csalódott, sokszor csúnyán elbántak vele, és udvariatlanok is voltak hozzá, korának kijáró tiszteletet sem kapta meg a legtöbb esetben, ezért feljogosítva érzi magát arra, hogy mindenkin átgyalogoljon: szakmailag és érzelmileg egyaránt.

A könyveiben a főszereplők is mind ilyenek. Hiszen ugye mindenki magából indul ki. A karakterei annyira vagányak, vonzók, műveltek, jól értesültek és tökéletesek, hogy gyakorlatilag bárkivel viselkedhetnek büntetlenül sértő módon, és a regényben akkor is mindenki szeretni fogja őket, sőt a könyv olvasói úgyszintén. Ez a „nem lehet rá haragudni, mert annyira jó fej, és annyira érti a dolgát" kategória. Az ilyen ember a való életben viszont egy borzalmas seggfej lenne, akit a kollégái úgy utálnának, mint a fene, a családja pedig már szóba sem állna vele. De azért könyvben leírva vagánynak, szimpatikusnak tűnik. Legalábbis bizonyos olvasók számára… az olyanok szemében, akik még nem találkoztak ilyen emberrel a való életben.

Hogy miért politikamániás a mi írónk? Mert több mint ötvenéves létére a politikán kívül még semmiben nem ért el sikereket:

- A nőknél nem, mert fiatal korában azok inkább csak kinevették a nem túl előnyös külseje miatt.
- A feleségénél sem, mert az elvált tőle.
- A gyerekeinél sem, mert nem hallgatnak rá, nem tisztelik, és váláskor is inkább az anyjukkal akartak maradni, mert „Apu nem kedves. Mindig csak ordít.”.

Tehát a mi írójelöltünk másban még sosem járt élmezőnyben, csak a politikában, ezért is vált mániájává a dolog. Na de vajon mennyire ért el valódi sikereket benne? Semennyire. Annyira, hogy a TV előtt ülve rázza az öklét, és a miniszterelnököt kurvaanyázza. Ugyanezt teszi a Facebookon is, amin időnként jókat röhög a felszínes ismerőseivel (akik szintén nem kedvelik őt, és mély barátságban sem áll egyikükkel sem).

Saját bevallása szerint ért a politikához. Nem másért, hanem azért, mert egész nap azt szidja: a képviselőket, a törvényeket, minden létező pártot, és azokat is, akik – vele ellentétben – szimpatizálni próbálnak valamelyikkel. Teljesen mindegy, hogy melyikkel, ő mindegyiket utálja. És azokat is, akik szeretni mernek egy politikust, vagy örülnek a kormány valamely döntésének.

Tehát részéről a politika iránti érdeklődés nem őszinte, nem építő, hasznos jellegű elfoglaltság, hanem csak az – általa – elcseszett házasságából és – általa – nagyon elszúrt nevelésű, elfajult gyermekeivel való kapcsolata miatti frusztráltságát éli ki benne. Valamint azt, hogy nincsenek sem barátai, sem tisztelői, rajongói pedig pláne nem.

Kérdés, hogy egy ilyen ember valóban üljön le regényt írni, aminek másokat kellene szórakoztatnia? Szerintem ne.

A mi írójelöltünk mégis megteszi. Újra és újra. Igaz, hogy kiadót nem talál a művére, de azért mégiscsak írja őket. Egymás után. Egyik szarabb, mint a másik, de azért csak nem hagyja abba, mint ahogy a politizálást sem. Meggyőződése ugyanis, hogy ő:

- Jó férj (volt... még a válás előtt)
- Jó apa (volt... amíg a gyerekei még szóba álltak vele)
- Politikaszakértő (mert mindennap szorgalmasan szidja a miniszterelnököt, és nézi a híradót, habár alig ért belőle valamit)
- Tehetséges író (mert unalmában olyasmiről gépel naphosszat, ami rajta kívül a világon senkit sem érdekel).

Vajon miről ír egy ilyen írójelölt, ha billentyűzet kerül a keze alá?

Elsősorban nyilván politikáról. Aztán olyan szuperügynök kémekről, amilyen ő szeretne lenni, ha jó külsejű lenne, és befolyásos embereknek dolgozna.

Tehát vajon milyen műfajú könyvvel próbálkozna az írójelöltünk?

A válasz: politikai thrillerrel, kémtörténettel.

Miről fog szólni?

Egy jóképű titkosügynökről (amilyen ő szeretne lenni), aki elvált (mint ő), de nem az ő, hanem a felesége hibájából (na persze!). Egy férfiról írna, akit a válás ellenére imádnak a gyerekei (na persze!), aki élet-halál kérdésekben hoz döntéseket napi szinten (Álmodik a nyomor! Még abban sem hallgattak rá a gyerekei soha, hogy milyen színű pólót vegyenek fel reggel.). Aki egyenesen a kormánynak, sőt a miniszterelnöknek dolgozik (akit ő a valóságban állandóan szapul, tehát nem valószínű, hogy az valaha is munkát ajánlana neki).

A könyvében a jóképű titkosügynököt imádják a nők (mert az írót a való életben nem). Annak ellenére imádják, hogy ő bunkón bánik velük (ez viszont igaz ránézve a való életben is): lehülyézi a szebbik nemet, olyanokat mond nekik, hogy „Ezt még talán te is megérted.", „Mert ugye ti, nők, nem az eszetekről vagytok híresek."

A könyvben az ilyen kijelentései ellenére is imádják a fiatal, hosszú, szőke hajú, dúskeblű, szuperintelligens, szupcrszexi, szuperszingli hölgyek. Ilyen partnereket váltogat a történetben. Epizódonként négyet-ötöt.

A való életben nemhogy az ilyen nők nem állnak szóba a fickóval, de még a panelházban – ahol él – szemközt lakó hatvanéves takarítónő sem, aki százhúsz kiló, és nő létére sűrű, fekete szakállal rendelkezik. Még ez a szomszéd is csak ritkán köszön neki: Kizárólag olyankor, ha véletlenül egyszerre szállnak be a liftbe, mert akkor már olyan közel állnak egymáshoz, hogy kínos lenne nem visszaköszönnie. Még ez a „hölgy" is kerüli a fickót, mert magában azt gondolja róla:

„Bunkó alak! A felesége is elhagyta. A gyerekeivel is szarul bánik. Valami írófeleségnek hiszi magát, de nem tudom, miért. Én ugyan egyetlen könyvét sem láttam kirakva a sarki könyvárusnál! Nem tudom, mire van olyan nagyra magával ez a rosszarcú, pocakos seggfej!".

2. Az alábecsült anyuka

Az alábecsült anyukának nem kellene könyvet írnia, mert:

Alábecsült szerepköre miatt állandóan túlkompenzál. A férje leszólja a főztjét, leszólja őt az ágyban (mármint jó esetben... Rosszabb esetben viszont már tíz éve nem is csinálnak „olyat"). A gyerekei sem hallgatnak rá, mert azok inkább az arrogáns apjuk utasításait követik (nem szeretetből, hanem félelemből).

Az alábecsült anyuka már nem igazán ad magára. A férje sem közelít hozzá szexuálisan. A nő más férfival pedig már nem szeretne kezdeni, mert úgy érzi, elég neki azt az egyet is elviselnie, akihez annak idején – sajnos – hozzáment. Mivel nem ad magára, ezért már nem jár fodrászhoz. Inkább magának vágja a haját otthon, és magának is festi. Kérdés, hogy vajon milyen színvonalon, mennyire jól? Nos, borzalmasan!

Mivel annyira már nem tartja fontosnak a külsejét, hogy a hosszú hajával „bajlódjon" (pedig kellene), ezért rövid, kényelmes frizurát szeretne (ami a nőiességének halála, de mindegy... ő csak azért is ragaszkodik hozzá). A baj csak az, hogy nem képes a frizuráját tisztességesen levágni magának úgy, mint egy fodrász, hanem összevissza belevág, mint kb. amikor egy részeg a kulcslyukat keresi. Nemhogy nem egyenletes a nyírás, de itt-ott időnként még kopasz foltok is feltűnnek az „alkotásban". Őt azonban ez nem érdekli azon a címen, hogy „Egy anyuka ne divatozzon, és ne vágjon fel! A házimunkához és a gyerekneveléshez nem kell Barbie babának vagy útszéli kurvának öltözni! Lehet azt csinálni kényelmes ruhában, sportosan fiatalos frizurával is!"

A baj csak az, hogy az ő ruházata, amit nap mint nap visel, nem kényelmes, hanem igénytelen: fiatal nő létére kizárólag melegítőben jár. A frizurája sem sportos, hanem rövid, mint egy elítéltnek a börtönben. Olyan rövid, hogy a házukban, ahol élnek, többen leszbikusnak is gondolják miatta, de aztán mindig arra jutnak, hogy mégsem lehet az, hiszen „Végül is férjnél van!”.

Kérdés, hogy miről ír az az anyuka, aki tíz éve nem feküdt le a férjével, a gyerekei nem hallgatnak rá, a szomszédai pedig leszbikusnak gondolják az – általa sportosnak és kényelmesnek hitt – igénytelen, elhanyagolt külseje miatt? Válasz:

Jó nőkről ír. Szuperintelligens topmodellekről, akik akcióhősök, akikbe vámpírok, Tarzanszerű vademberek és jóképű, pokolbéli démonok szerelmesek: így együtt, csapatostul, vagy akár rajokban üldözve őt az ajánlataikkal! Mind őt akarja – az általa írt sztori szerint –, mert ő a „kiválasztott” valami kitalált, idióta, mások által már ezerszer leírt forgatókönyv szerint. Ő az örököse valamilyen boszorkányos erőnek, vagy van egy anyajegye, ami csak bizonyos – nagyon titkos – nemzetségekben, minden ezredik generációnál jelenik meg az elsőszülött lány tarkóján, rejtve természetesen a hosszú, gyönyörű hajzuhataga alatt.

A főhősnő – már ha az alábecsült anyuka valóban megírná ezt a szemetet – rejtett anyajegyét, ami merő véletlenségből pont olyan formájú, mint egy fehér mágiát használó boszorkány védelmező rúnája... szóval a haja alatt rejtőző anyajegyét minden jó pasi észreveszi a helyi klubokban: a jóképű vérfarkas csapostól kezdve a kigyúrt, vámpír kidobóemberig, sőt még a milliomos démon is, aki csak vendégként jár oda. Mindegyik „megérzi” rajta azt a kisugárzást, miszerint „ő más, mint a többi lány”. Mert nemcsak gyönyörű, de különleges is. Egyéni. Ezért hát mindegyik őt akarja.

(Mert az írónőt a való életben senki. Még a saját férje sem.)

A főhősnő mindennemű sport, mozgás vagy fizikai megerőltetés nélkül, születésétől kezdve tökéletes fizikummal, kockás hassal, izmos karokkal, nádszál derékkal és óriási, feszes keblekkel rendelkezik. (Azért, mert az írónő túl lusta ahhoz, hogy sportolni járjon, és arra vágyik, hogy bárcsak anélkül is kinézhetne valahogy. Akár csak egy fokkal is jobban a meglévő külsejénél. Ezért ír arról, hogy ha már a valóságban nem létezik ilyesmi, akkor legalább egy kitalált történetet olvasva álmodozhasson arról, hogy egy lusta nő is lehet karcsú.)

A főnősnőt mindenki tiszteli a könyvben, pedig gyakorlatilag semmit sem csinál azonkívül, hogy jóképű vámpíroknak igent mond különféle szexuális ajánlatokra, vagy visszautasít bizonyos ugyanolyan jóképű vérfarkasokat. Mégis csodálják őt. Talán a rejtett rúna-anyajegye miatt, amit csak úgy megörökölt.... Ki tudja, miért vonzódik hozzá annyira az a sok kigyúrt rémpofa a regényben, de valamiért ő egy igazi kincs a történet szerint.

Az írónőt a valóságban nem csodálja senki. Pedig ő igazán mindent megtesz. Neki nincs sem örökölt csodaanyajegye, sem örökölt vagyona, mégis megtesz mindent, de sajnos mégis alábecsülik őt.

Na de valóban mindent megtesz?

Nem. Ezt csak magának mondogatja biztatásképpen és dühében, miután kiordítozta magát az elhízott, iszákos férjével és a makacs, rosszul nevelt gyerekeivel.

„Ő mindent megtesz.” A francokat! Még fodrászhoz sem hajlandó elmenni húsz teljes éve! Pedig a legjobb barátnője kozmetikus/fodrász, és ingyen is levágná a haját megfelelően. Akkor talán nem virítanának kopasz foltok a „sportosan fiatalos” frizura *helyén.*

Ő mindent megtesz a házasságában is. Saját bevallása szerint. Valójában még *annyit se*, hogy tízévenként egyszer annyit mondjon a férjének, hogy szereti. Vagy esetleg szexre invitálná ahelyett, hogy kizárólag kritizálja. Vagy legalább annyit megtehetne, hogy ha már annyira undorodik a férjétől, hogy nem képes ágyba bújni vele, akkor keresne magának valakit, akire még ő is férfiként – esetleg emberként – tud nézni, és érte esetleg hajlandó lenne adni a saját külsejére, hogy a szomszédok ne nevezzék többé leszbikusnak a háta mögött.

Akkor talán lenne értelme könyvet is írnia.

És akkor az általa kitalált főhősnő sem tűnne annyira nevetségesen hiteltelennek, hogy az olvasó nemhogy szimpatikusnak nem találja, de még elhinni sem tudja, hogy a valóságban léteznének ilyen személyek. Azért nem hiszik el, mert valóban nem léteznek. Maga az írónő sem olyan. Ő is csak vágyik rá. Tenni azonban nem tesz érte a világon semmit.

Ő csak kapni szeretne olyan külsőt, olyan erőt, olyan titkos rúnát a tarkójára, ami miatt bomlanának utána a pasik. Dolgozni nem akar érte, csak kapni. Kár, hogy ez a regényében működik, a valóságban viszont sosem fog.

Ami viszont fog, az az, hogy amikor a gyerekei megházasodnak, nem fognak hozzá olyan gyakran hazajárni, ahogy ő szeretné, mert amikor jönnek, ahelyett, hogy örömmel várná őket, inkább csak amiatt reklamál, hogy miért nem látogatják gyakrabban.

Továbbá a férje el fog válni tőle, és keres egy olyan nőt, aki nem magának vágja a haját – rosszul, túl rövidre –, akinek nemcsak a regényhősei sportolnak és néznek ki jól, hanem ő maga is, és aki nemcsak kérni tud kedvességet és szeretet, hanem adni is.

3. Az egykönyves író

Az egykönyves írónak nem kellene könyvet írnia, mert:

Nincs elegendő fantáziája, ötlete, egyénisége, türelme és akaratereje ahhoz, hogy többet is írjon.

Azért „egykönyves”, mert saját bevallása szerint az az egy „valamiért befutott”. Nem tudja, miért pont az. „A többi is legalább olyan jó. Sőt, vannak köztük jobbak is!”

Pedig ebből egy árva szó nem igaz. A többi könyve mind szemét. Hogy miért?

Mert unalmas, korlátolt, monoton, beszűkült életet él, amiben nincsenek új kihívások, élmények, kockázatos vállalkozások, tragédiák, váratlan szerencsék, új szerelmek, vagy a régi szerelmek kihűlése és az emiatti óriási viták.

Akinek egysíkú az élete, annak a fantáziája is úgy kilapul, mint az a bizonyos EKG-vonal az „út végén”.

De akkor vajon hogyan írta meg az egykönyves író azt az egy sikerkönyvet annak idején? Hát úgy, hogy mindenki életében történhet valami érdekes. Egyszer. Történhet tragédia (például meghalt az édesanyja), érheti szerencse (előléptették, nyert szerencsejátékon egy millió forintot), nagy szerelmi csalódás érte (mert egyszer megcsalták), baleset érte (eltört a lába, és azóta fáj a térde, amikor ősszel hidegfront van).

Szóval valószínűleg érte az illetőt egy számára komolynak, sorsdöntőnek tűnő behatás, amitől úgy megtáltosodott a fantáziája és szorgalma, hogy képes volt írni egy valóban jó könyvet. Ám sajnos nem mindenki élete egy merő izgalom vagy érzelmi hullámvasút.

Van, akit csak egyszer ér olyan behatás, ami alkotásra ösztönzi... ám az első alkalom számára egyben az utolsó is. Az onnantól kezdődő (vagy inkább folytatódó) unalmas élete pedig már nem inspirálja arra, hogy több használható művet préseljen ki magából.

De vajon mit tesz ilyenkor az egykönyves író?

1: Ír több könyvet, melyek közül egyik rosszabb, mint a másik, de ő meg van győződve az ellenkezőjéről. Minden kritikusát idiótának nevezi, mert ugye az egyirányú utcában sem az a hülye, aki szembe megy a forgalommal, hanem mindenki más, aki észrevette – és komolyan vette – a sarkon látható egyirányú utcát jelző táblát. Tehát a mi írójelöltünk próbál ugyan még több sikerkönyvet írni, csak nincs meg az inspirációja hozzá, mert semmi sem történik vele, amiről könyvet lehetne írni. Talán nemcsak a motivációja hiányzik, hanem a tehetsége is. Ugyanis csak azért, mert a számára legnagyobb és egyetlen fontos esemény az életében valódi alkotásra sarkallta, még nem jelenti azt, hogy tehetséges. Talán számára az alkotni tudás ajándéka az élettől is ugyanolyan egyszeri alkalom volt, mint az a sorscsapás, ami akkor megihlette.

2: Nem ír több könyvet, ám annál többet beszél róla, hogy kellene. Vagy arról, hogy az első könyve mennyire jó. Az ilyen író általában megpróbálja újra és újra kiadatni az egyetlen zseniális művét (na jó, nem biztos, hogy zseniális, de a többi alkotásához képest biztos), és azt akarja, hogy ne csak ő (aki még emlékszik rá, hogy miről szól), hanem mindenki arról a művéről beszéljen még hosszú évtizedeken át.

Az egykönyves író sosem ismeri be, hogy egykönyves. Helyette azt mondja:

- Már nincs ideje írni. (Annak ellenére, hogy munkanélküli, elvált, és egész nap otthon unatkozik egyedül a TV előtt ülve.)
- Nincs pénze kiadatni a folytatást (habár a kiadója az első részért sem kért egy fillért sem, mivel a főnök a haverja, és bármit kiadna neki anyagi juttatás nélkül is. Sőt, időnként a barátja

könyörög is neki, hogy írjon, de ő olyankor csak kifogásokat keres és húzza az időt.).

- Azért nem ír új könyvet, mert az első, sikeres regényéhez próbál jobb kiadót találni (pedig nem keres kiadót, csak beszél róla, hogy kellene).
- Azért nem ír új könyvet, mert az irigy kritikusai minden más könyvét leszólták az első, sikeres regénye után. (Azért, mert a többi könyve tényleg szar, csak ő ezt nem látja be.)
- Azért, mert túl sok az ötlete, és nem tudja, melyiket írja meg először. (Pedig valójában egyetlen árva használható gondolata nincs. Az első könyv óta semmi. De ezt még magának sem ismerné be. Másoknak meg végképp nem fogja. Egyszerűbb nagyképűen azt hangoztatni, hogy épp kiadóváltásra vár, mert az új cég többet fog fizetni az első sikerregényéért, és majd náluk jelenik meg a második is.)

De vajon ilyen hozzáállással mikor jelenik meg az egykönyves író második könyve? Válasz:

Soha.

Ezért hívják egykönyves írónak.

Az ilyen szerzőnek minden más regénypróbálkozása kudarcra van ítélve. De a legtöbb esetben meg sem próbál több könyvet írni. Nem futja rá fantáziából, motivációból, akaraterőből és tehetségből. Na meg egy idő után kifogy a kifogásokból is.

4. A nem túl szép, álmodozó diáklány

A nem túl szép, álmodozó diáklánynak nem kellene könyvet írnia, mert:

Álmodozáson kívül másra nem nagyon képes. Nincsenek különleges adottságai, sem jó külseje, ami alapján tapasztalata lenne a pasizásban. Arról szeretne ugyanis több kötetes, híres, romantikus regényeket írni. Nemcsak élettapasztalata nincs, de részben fiatalkorának köszönhetően szókincse sem. Körülbelül három szót ismer, és azokat variálja. Na jó, ez persze túlzás, de az nem, hogy ha regényt próbál írni, akkor képes egyetlen rövid bekezdésbe harminc szóismétlést tenni, ami pedig olyan feltűnő, hogy még egy olyan kezdő olvasónak is megakadna rajta a szeme, akinek az a könyv az első, amit valaha a kezébe vett.

Az álmodozó diáklány arról álmodik, hogy híres írónő lesz. Olyan emberekről fog írni, akik érdekes, imádott, világhírű sztárok, és merő véletlenségből mind az ő személyes jó barátai. Erre azonban sajnos nem fog sor kerülni, hogy ő valaha ilyen körökben mozogjon, mert ahhoz túl átlagos, valamint amúgy sem a tettek embere, hanem csak álmodozni szokott, mert azokban az illúziókban legalább „mindig ő nyer". Abban nincs kockázat, ott senki sem utasítja vissza őt szexuálisan, senki sem mondja azt udvariatlanul minden ötletére, hogy unalmas. Senki sem felejti el meghívni az óriási partikra azért, mert túl átlagos, és a nevére sem emlékszik senki.

Álmodozni biztonságos, mert az álmaiban ő is lehet tökéletes, népszerű, sőt még akár egy termékeny szerző is, aki ontja magából a sikerkönyveket. Kár, hogy ez csak álmaiban van így.

Ahhoz, hogy ez valósággá váljon, és legyen, mondjuk, egyetlen, középszerű, kiadott műve, előbb:

- Fel kéne ébredni.
- Fel kéne nőni.
- Pár könyvet elolvasni, hogy legyen szókincse.
- Odafigyelni a nyelvtanórán, hogy a helyesírása se legyen olyan borzalmas.
- Odafigyelni mások beszélgetésére (ha már ő maga nem szokott másokkal társalogni), hogy a hallottak alapján képes legyen életszerű párbeszédeket írni.
- Nem blogot kéne írni, amit csak ő olvas egyedül – mert azt nem blognak, inkább „naplónak" hívják –, hanem könyvet. Nem egyoldalas cikkeket kellene írni a naplójába – amit blognak nevez –, hanem több száz oldalas regényeket.

De ahhoz túl lusta. Mint ahogy ahhoz is, hogy odafigyeljen az órán, és egyszer az életben végre megtanulja a helyesírást, aminek a segítségével értelmesen lehet fogalmazni úgy, hogy azt mások is értsék és élvezni tudják.

Nem. Ő nem akar figyelni. Inkább álmodozik. Arról, hogy egyszer regényt fog írni. És hogy a könyvben állati dögös lesz a főszereplőlány (amilyen ő nem), és amikor a könyv befut, akkor majd őt is ugyanolyan dögösnek fogják gondolni a dedikálására váró olvasók, mint amilyen a főszereplőlány a regényben. Pedig ilyen sosem fog történni, mert:

- Nem fogja megírni a könyvet.
- Továbbá attól, hogy valaki ír egy bizonyos karakterről, ő még nem válik olyanná.

Mi lehetne akkor a megoldás?

- Felébredni.

- Olyan emberekről írni, akik valóságosak. Mint amilyen ő maga is. Lehet, hogy azok nem olyan szupermodellkülsejű hősök, mint akikről ő szeretne írni, de akkor legalább hiteles lenne a sztori, és lenne olyan olvasó, aki „magára venné" a főhősnő lelki problémáit, elkezdene együttérezni vele, ezáltal pedig megszerethetné a történetet... és egyszer talán még magát az írónőt is.

De ez sosem fog megtörténni, mert ehhez belátás kell. Az álmodozóban pedig olyan nincs. Belátni nehéz, álmodozni könnyű. A belátáshoz továbbá ébren is kellene lenni, mert a látáshoz nyitott szem szükséges.

5. A „jó nő", aki tökéletes feleség

A „jó nőnek", aki tökéletes feleség, azért nem kellene könyvet írnia, mert:

Annyira azért nem jó nő, mint ahogy hiszi, és annyira nem is tökéletes feleség. Ezt a képet csupán mutatni szereti magáról, és ilyen karakterekről próbál mindenáron írni. Mivel ilyen személyiségekről ír, ezért elhiszi magáról, hogy ő is ilyen.

Habár valóban elég jó külsejű, de azért modellnek akkor sem állhatna be. Az olvasói is időnként összesúgnak a háta mögött, hogy „megint felszedett pár kilót", de ezt ő nem hallja. Akkor sem, ha ordítva közlik, mert nem akar tudomást venni a hibáiról.

Ha hibás lenne, akkor nem lehetne tökéletes feleség sem, aminek látszatához pedig legalább annyira ragaszkodik, mint a „jó nő" szerephez.

A jó nő állandóan úton van. Saját bevallása szerint azért, mert „örökmozgó", mert „nem bír megülni a popóján", mert „imád világot látni", mert „számára minden érdekes", „imádja az embereket", „mindent imád".

Francokat! Azért nem bír megmaradni otthon, mert:

- Nincs a férjével közös témája. Nem élvezi a vele való beszélgetést, ezért inkább meg sem próbál társalogni vele.
- A gyerekei is inkább a legújabb kütyüjüket nyomkodják, és az interneten trollkodnak ahelyett, hogy az anyjukkal foglalkoznának.

Ha viszont „mami" elutazik egy egzotikus helyre, akkor egyből úgy érzi, hogy ott ő a főszereplő, ő a hősnője egy olyan izgalmas, lebilincselő történetnek, amiről bárki szívesen olvasna egy regényben. Na, *pontosan* ezt szeretné leírni!

Egy baj van csak vele:

Az, hogy illúzió. Az utazás során nem ő az érdekes, hanem csak a szálloda alkalmazottai udvariasak vele, mert ezért kapják a fizetésüket. A szálloda masszőrje nem azért mondja, hogy fogyott a tavalyi alkatához képest, mert igaz lenne, hanem hogy a nőtől több borravalót kapjon. Az étteremben nem azért jön oda a pincér, hogy „Ezt az italt mi álljuk, kedves írónő!", mert a hölgy valóban annyira ismert lenne, hanem azért, mert egy újabb háromszázezer forintos üdülés jövőre sokkal jobban megéri a hotelnek, mint az az ezerforintos koktél, amivel lekenyerezik, és felturbózzák az egóját, hogy mekkora sztár, és hogy jöjjön vissza minden évben.

A „jó nő" író tehát sokat utazik, mert a szállodákban legalább dicsérik (ha már otthon nem). Mert ott olyan életet élhet, amit a regényhősnője (pedig az sajnos ugyanolyan fikció csupán, mint az, hogy ő sikeres).

Mi lehet akkor a valóság?

Az, hogy egy ilyen feleségnek nincs akkora egyénisége, annyi jó, elmesélnivaló kalandja, jó beszólása, olyan sziporkázó humora, hogy másokat szórakoztasson. Inkább csak elég frusztrált ahhoz, hogy mindenáron el akarjon menni otthonról, és keressen egy közeget, ahol pénzért hajandóak meghajolni előtte (mint egy londíner például). Olyan helyekre jár, ahol pénzért sztárként kezelik. Tulajdonképpen erről ír: egy sztár életéről, amit ő megvásárolni szokott magának a gazdag – ám rendkívül szűkszavú, udvariatlan és unalmas – férje keresetéből. Azért utazik, hogy ünnepeljék. Ő ezt valóságnak éli meg, mert valóban fizet érte, hogy udvariasak legyenek vele. A regényeiben viszont a főhősnő ezt a bánásmódot teljesen ingyen, pusztán személyiségének és jó külsejének köszönhetően kapja az élettől és a férfiaktól.

Mi lehet a megoldás egy ilyen írónő számára?

Az, hogy ne arról a kitalált életről írjon, amilyet ő is csak látszólag él, hanem a valódiról.

Lehet, hogy az nem lesz olyan színpompás, csicsás, divatos, menő és irigylésre méltó, de legalább igaz lesz, és ezáltal akadnak majd olvasók, akik értékelni fogják, mondanivalót fognak találni benne még akkor is, ha nem keresik. Mert nem lesz többé felszínes és üres, mint a „tökéletes feleség”, aki csak a könyvekben létezik.

6. A túlsúlyos ember

A túlsúlyos embernek azért nem kellene könyvet írnia, mert:

Kétféle könyvvel fog valószínűleg próbálkozni. Mindkettő központi témája a túlsúly lesz, csak másképp.

Az első típusban elbagatellizálja a túlsúly kérdését. A történetben a „kövér fickó" rendkívül jó fej, kiváló humora van, és nagy termete ellenére rendkívül nagyokat képes esni, óriási balhékba keveredik, rengeteget eszik, és ezzel megmosolyogtatja az embereket, mindenki szereti is érte.

Arra nem tér ki a könyv, hogy ez az életmód közben mit művel a férfi szívével és érrendszerével, valamint hogy a szerző, aki szintén így él, megéri-e valaha az ötvenedik életévét. Valószínűleg nem, mert hajlamos elhinni azt, amiről a regényeiben ír, miszerint a túlsúly egy rendkívül vicces dolog, ami mindenkinek szimpatikus, és a kövér ember azért boldog, mert annyit eszik, amennyit csak akar. (Ameddig bele nem hal.)

A második könyvtípus, amit egy túlsúlyos ember írna, az, amikor a fogyás nehézségeiről panaszkodik. Szidja azokat, akik nem küzdenek ezzel a problémával, mintha azok genetikailag lennének máshogy kódolva. Pedig ez hazugság. Aki nem eszik, az fogy: Ez egy olyan megkérdőjelezhetetlen törvénye a fizikának, mint az, hogy az elejtett alma lefelé esik. Erre már Newton is rájött, arra viszont még 2020-ban sem jött rá mindenki, hogy aki nem eszik, az elkezd veszíteni a testsúlyából.

De nem, a könyv szerzője ezt akkor sem ismeri be. Szerinte ő képtelen a fogyásra, és az erről szóló panaszáradatát, litániáját szedi csokorba: ebből születik meg a nagy mű. A könyv egy „vastagcsontú" gyerekről szól, akit ok nélkül, jogtalanul gúnyolnak a társai. Pedig a szereplő próbál fogyókúrázni, de hiába hagyja ki a reggelit, utána olyan éhes, hogy a három, ebéd után behabzsolt puncstorta sem enyhíti „szegény gyomra" korgását. Másnap reggelre pedig a mérleg meglepő módon nem mutat kevesebbet.

Valahogy így indulna a regény. Aztán a fiú esetleg bosszúból legyilkolná a társait, akik ok nélkül szemétkedtek vele. Ebben az esetben lehetne a sztori thriller vagy horror, vagy megtréfálhatná őket, és akkor ismét humoros könyv születhetne belőle. Kár, hogy sem a bosszúnak, sem a tréfáknak nincs karcsúsító hatásuk.

Pedig azzal kellene foglalkoznia a szerzőnek, a központi témával: a saját túlsúlyával és annak leküzdésével. Nem arról kellene írni, hogy milyen együtt élni ezzel a problémával, hanem meg kellene szüntetni.

Ha egy pohár vízből kiöntjük a vizet, akkor az üres lesz.

Ha egy ember nem eszik, le fog fogyni.

Állíthatom, hogy az üres pohár nem olyan dekoratív, állíthatom, hogy nehéz lesz kiönteni, mert túl nehéz és nagy a pohár, továbbá azt is, hogy ha kiöntöm, úgyis mindent eláztatok majd vele... de a dolog akkor is működik: ha kiöntöm, a pohár üres lesz.

A fogyás sem bonyolultabb ennél.

A túlsúlyos embernek sem viccelődnie kellene erről a témáról, és humoros könyvet írnia róla, vagy akár horrorba hajló, abszurd drámát, hanem inkább lefogynia helyette, hogy ne ez uralja az egész életét (ezáltal pedig a művészetét is, ami talán még érdekes is lehetne... ha képes lenne egészségesen, normális testalkattal más témákról is írni).

7. Az antiszociális

Az antiszociális embernek azért nem kellene könyvet írnia, mert valamiért mindenáron emberekről szeretne írni: Nagy tömegekről, embertípusokról, baráti körökről, nagy bulikról, szórakoztató beszélgetésekről... azonban az antiszociálisnak mindezekről halvány fogalma sincs.

Talán azért is próbál írni róla, mert vágyik rá. Ő is szeretne népszerű lenni, és azt, ha társasági embernek neveznék: afféle „partiarcnak", ám valójában azt sem tudja, mitől lesz olyan valaki, és hogyan viselkedik egy ilyen jelzőkkel illetett személy. Mivel ő nem jár sehová, nem ismer senkit, így csupán elképzelése van arról, hogy milyen lehet egy szórakoztató személyiség.

Az antiszociális embernek valószínűleg inkább hosszas tájleírásokat kellene írnia, alaposan átgondolt szakkönyveket, vagy háborúkról szóló történelmi regényeket, érzelemmentesen felvázolt, tényekre szorítkozó felsorolásokkal. Azokban ugyanis hál' Istennek nincs szórakoztató párbeszéd.

De az antiszociális sajnos nem elégszik meg a fenti műfajokkal. Ő igenis jópofa akar lenni, társasági embernek akar tűnni, így hát párbeszédeket ír. De rosszul. Ugyanis egyfajta áthidaló megoldásként leírás formájában ír dialógusokat. Tehát valójában semmilyen élő szóban elhangzó beszélgetés nincs a regényben, hanem csupán olyanok, hogy:

„És akkor megbeszélték a dolgokat egy kávé mellett, és közben óriásiakat röhögtek."

Azt viszont a szerző nem fejti ki, hogy min mulattak olyan jóízűen a szereplők. Mert nem tudja. Ötlete sincs rá. Ezért csak utal rá, hogy legyen ilyesmi is a könyvben. Egy baj van csak ezzel: hiteltelen. Minek párbeszédnek álcázni valamit, ami nem az? Minek nevető emberekről írni, ha az olvasó nem tud velük együtt mulatni, mert nincs min?

A másik antiszociális írótípus nem történelmi tényeket sorol, nem is leírásként próbál meg szórakoztató párbeszédet írni, hanem konkrétan belevág a kellős közepébe. Ő bizony megpróbálja! Akkor is, ha nem megy! Nesze neked párbeszéd:

– Ön biztosan egyetért velem abban, hogy Smith a gyilkos.

– Igen, egyetértek önnel abban, hogy Smith a gyilkos.

– Ez biztos?

– Ez biztos.

– Rendben, akkor menjünk, és tartóztassuk le!

– Rendben! Menjünk! Tartóztassuk le!

Tehát ez is egyfajta megoldás, ha az ember önmagával beszélget, de a mondatok látszólag két szereplő szájából hangzanak el. Amikor azonban a két karakter mindenben egyetért, minden mondatban egymást ismétlik, és érdemben semmit sem tesznek hozzá a másik mondandójához, azt nem dialógusnak, azaz párbeszédnek hívják, hanem monológnak, azaz töprengésnek, okoskodásnak, filozofálgatásnak.

Ehhez nem kell két szereplő a jelenetbe. Az ilyen párbeszédeket gyakorlatilag elfelezhetnénk, minden második mondatot (azaz a másik szereplő válaszait) kitörölhetnénk, és semmivel sem lenne soványabb a jelenet értelme, mondanivalója, mint beletörlés nélkül.

Hogy mitől borzalmas egy ilyen párbeszéd? Attól, hogy nem életszerű. A valódi emberek nem egyetérteni szoktak, és mindent papagáj módjára elismételni, hanem vitatkozni, makacskodni, kötni az ebet a karóhoz, magyarázatot követelni, jól felhúzni magukat valami elhanyagolható apróságon, feleslegesen vérig sértődni, aztán nagyvonalúan megbocsátani, erőszakosan hangoztatni a saját elgondolásukat –

amiben nincs igazuk –, és hülyének titulálni a másikat, amiért nem ért velük egyet. Magyarán mondva: ellentmondani, ellenérvelni.

A való életben rendkívül ritka az, hogy két ember mindenben egyetértsen. Gyakorlatilag nulla az esélye. Előbb-utóbb mindig adódik egy téma, amiben nem azonos a véleményük, és akkor ezt minden bizonnyal kinyilvánítják.

Na igen... a való életben. De ehhez ismerni kéne az embereket, hogy az író róluk írjon párbeszédet egy regényben.

Az antiszociális ember viszont nem jár társaságba, ezért fogalma sincs arról, hogy a dolgok hogyan zajlanak a társadalomban, melynek ő szándékosan nem tagja.

8. Én

Kérdés, hogy ha már ilyen szépen kiveséztem ennyi embertípust, azaz írójelöltet, és felsoroltam, hogy miért ne írjanak, akkor én milyen jogon írok most? Vajon én melyik típus vagyok? Válasz:

A kritizáló. Az, aki oldalakat képes írni mások hibáiról, de azt megmutatni, hogy akkor viszont hogyan kell megfelelően csinálni: képtelen, mert ő sem több náluk.

Az, aki este a TV előtt rázza az öklét a miniszterelnök legújabb bejelentése hallatán, mert azt hiszi, hogy egyszerű nézőként számít a véleménye. Azt hiszi, hogy akit ő lát a TV-ben, az is látja őt a kanapén ülve, és a politikus bizonyára fontolóra veszi majd azt, amit ő a készülékkel vitatkozva, trágár módon ordít.

A kritizáló, akinek a felesége alábecsültnek érzi magát, mert a férj ahelyett, hogy őt szeretgetné és dicsérné, inkább a politikusokat anyázza (anélkül mellesleg, hogy bármit is értene a gazdasághoz).

Az örök kritikus, aki egy egykönyves író, mert csak annyira futotta a tehetségéből. Az első könyv után úgy érzi, jogában áll mindenkit megkritizálni, mert neki már van egy viszonylag sikeres műve. Újat viszont képtelen írni. Még akkor sem tudna, ha nem mások kritizálásával töltené az egész napját.

Akinek a lánya „csupán egy álmodozó”, mert az apja nem biztosít neki elég színes, izgalmas és érdekes életet ahhoz, hogy ne legyen kénytelen magába fordulni. Nem segít neki abban, hogy megnyíljon, inkább vadidegen embereket szid a TV-ben, és olyan írókat az interneten, akiknek egy művét sem olvasta, ahelyett, hogy a lányával beszélgetne arról, ami a gyereket foglalkoztatja.

Akinek a felesége azért akar állandóan utazni, mert a férje nem foglalkozik vele eleget, továbbá alábecsüli a nejét mind szellemileg, mind érzelmileg, sőt még szexuálisan is. Ha megfelelően kommunikálna vele, lehet, hogy kiderülne: a nő nemcsak a képzeletében odaadó és romantikus, de a valóságban is képes jóval többet nyújtani a megszokott (majdnem leszbikusnak tűnő) szerepkörnél.

A kritizáló, aki túlsúlyos, és ezt időnként poénra próbálja venni, hogy ne bántsák miatta – hogy ne rajta, hanem inkább vele együtt nevessenek –, néha pedig panaszkodik róla ugyanebből az okból kifolyólag: mert ha sajnálják, akkor talán nem fogják piszkálni érte. Lefogyni azonban túl lusta és gyenge. Helyette a többi túlsúlyos embert minősíti rossz értelemben, mert amíg ezt teszi, addig sem kell legalább önmagát látnia a tükörben, továbbá kifogásokat gyártania sem, hogy miért nem tud fogyni.

A kritizáló, aki túlzottan antiszociális ahhoz, hogy szórakoztató legyen akár az írásaiban, akár a való életben, emiatt pedig annyira frusztrált, hogy mindenkit unalmasnak titulál, minden sugárzó, sziporkázó személyiséget, akire ő irigy.

Szerinte mindenki tehetségtelen, aki írni mer, mert ő nem teszi. Ő írás helyett kritizál.

A kérdésre tehát, miszerint „Ki ne írjon könyvet?”, a válasz:

Én, *a kritikus* ne írjon könyvet, mert annak ellenére, hogy a többi típusnak is megvannak a hibái és gyengeségei, ők legalább próbálkoznak, hisznek egy álomban, kitartóan törekednek, harcolnak valamiért. Ezáltal pedig lehetőségük van a fejlődésre, és ez tiszteletreméltó dolog akkor is, ha a valaki irigységből leszólja a teljesítményüket.

A kritikus nem törekszik semmi értelmesre, nem épít, nem kreatív, még csak nem is elég bátor hozzá, hogy álmodni merjen, hanem csupán az alkotókat hátráltatja.

A tett halála az okoskodás. Az alkotás iránti vágy, és az örömből történő írás halála pedig a kritika.

Valahol minden álom, minden kitalált történet szép. Még akkor is, ha hazudunk vele önmagunknak és a környezetünknek. Azok akkor is valakinek a reményei, és álmokon nem illendő dolog végigtaposni csak azért, mert van bakancsunk, amivel megtehetjük.

Ahogy William Buttler Yeats írta: „...óvatosan járj, mert az álmaimon tiporsz."

Létezhet tehát rendkívül sok olyan embertípus, akiknek egyáltalán nem kellene alkotniuk, vagy akiken akár nevetni is lehetne a rossz szokásaik, gyengeségeik miatt. Valójában azonban csak egy típusnak nem kellene könyvet írnia:

Annak az irigy kritikusnak, aki az intelligenciáját, műveltségét, jó fogalmazási képességét, képzelőerejét, frappáns szófordulatait, sőt még a humorát is csak arra használja, hogy a többieket leszólja, elvegye az alkotási kedvüket, hátráltassa őket a fejlődésben, és abban, hogy valaha álmodni merjenek.

A. Nőszemély

Egy hörcsög túlélőnaplója

Szerzői előszó

Kedves Olvasók!

Szeretnék egy rövid bevezetőt, útmutatást kínálni a szösszenetek olvasása mellé.

1) Elképzelhető, hogy a rövid történeteket azok fogják a leginkább érteni, akik tartottak már dzsungáriai törpehörcsögöt. De úgy gondolom, hogy a maga módján minden háziállat igazán szórakoztató tud lenni, így talán az írások mindenki számára nyújthatnak majd pár nevetéssel eltöltött percet.

2) Előrevetítve: A szösszenetekben többször is említve van egy bizonyos „tépőzárhang". Köztudott, hogy a hörcsögök a tépőzár recsegéséhez hasonló hangot hallatnak, ha elégedetlenek vagy dühösek. Hörcsög Béla, a történet főhőse a valóságban akkor mutatta ezt meg először, amikor úgy igazán türelmetlenné vált, mert ráunt a simogatásra és a kézben tartásra, ami ahhoz volt szükséges, hogy ne váljon pillanatok alatt kámforrá a lakásban. Ha nem kerül vissza záros határidőn belül a ketrecébe, lehet, hogy harapás vagy szökés lett volna a vége. ☺

Tehát mindenkinek azt kívánom, hogy remekül szórakozzon abban a néhány percben, amit az egypercesek elolvasásával tölt, és ha kedvük van megtapasztalni a leírtakat, ne habozzanak, hanem vegyenek egy kishörcsögöt! ☺

Jó olvasást!

Hol a szagom?! – Avagy a hörcsöglak néha kitakarításra is kerül

A mai nap pontosan ugyanúgy indult Faforgácsfalván, mint az összes többi. Béla, a dzsungáriai törpehörcsög reggel hatkor alaposan beásta magát a forgácsba, és készült átaludni az egész napot, mint máskor is, de aztán jöttek a kezek...

– KEZEK! Mi a jó Isten van? Mi történik itt? Álmos vagyok! Hagyjanak békén! Mondom, miért nem lehet már ezt megérteni?! – Béla fel-alá rohangál Faforgácsfalván, szanaszét túrva a máskor oly nagyra tartott forgácsát. Most nem érdekli, hogy az milyen puha, és hogy máskor kellemes benne közlekedni. Most menekülnie kell, de olyan gyorsan fut, hogy akárhányszor nekiindul egy tetemes hossznak, hamar eléri a szigorúan lezárt határokat. – Takarodj már innen, te, te, te… Jaj már, az isten verjen meg! – fullad ki egy pillanatra, és beletörődően megáll. – Már megint ez a „nőszemély” az! Jön a dögönyözés… Fúj! Inkább csak engedne el! Végre túl a rengetegen, túl mindenen, túl… Ne, ne, ne! Most meg mit művelsz velem? – kezd Béla eszeveszett kiabálásba, amikor rájön, hogy Nőszemély még a kezében tartani sem hajlandó, hanem valamiért beleteszi egy műanyag edénybe, aminek a falán még annyi kapaszkodó sincs, mint a Faforgácsfalva határait jelölő kerítésen. – Ez úgy csúszik, mint a nyavalya! És hol a házam? Hol van mindenem? Itt semmi nincs! Mi a jó isten történt? Se koszt, se kvártély? Hát, bammeg!

– Béluska, nem lesz itten semmi baj, nyugodj meg, Husikám... – Nőszemély valami érthetetlen nyelven beszél, de Hörcsög Béla nem is foglalkozik vele, csak üvölt tovább, és igyekezik kiszabadulni a borzalmas börtönéből.

– Hagyj már! Vegyél ki innen! Nem hallod, hogy közelednek a ragadozók? Fenevadak! Őrültek! Barmok! Állatok! Nagyok! Hatalmasok! Megesznek! Nem lesz aztán Béluskád, hogy mennél el a búsba!

– Nyugodj meg, Cucukám... Nem lesz semmi baj! Mami gyorsan kitakarítja neked a házikódat, szép lesz, tiszta lesz, nem lesz benne atka, nem fog viszketni a Cucuka bőre. Adok magot, nézd csak!

– Mi ez? Lekenyereznél, mi?! – Béla belemászik az edényébe, és nem érdekli a mennyei falatok csábító szaga. Máskor, nyugodt körülmények között Faforgácsfalván egymás után falná a finom falatokat, de most úgy széttúrja dühében, hogy még a műanyaglavór falán is átrepülnek. Ez az a bizonyos szörnyű edény ugyanis, amiben Béla kemény tízperces rabságát kényszerül eltölteni. – Felhizlalsz a vadaknak? Milyen vagy te? Nem azért vagy, hogy vigyázz rám? Hogy békén hagyj?! Hogy etess?! Milyen nőszemély vagy te?! – kiabál tovább Béla, de Nőszemély már igazából rá sem néz, csak néha-néha. Igyekszik minél előbb tisztára sikálni Hörcsög Béla lakhelyét, hogy az állat tisztaságba mehessen vissza.

– Nem! Nem igaz! HOL A SZAGOM?! – hangzik fel újra Béla kétségbeesett nyivákolása alig egy perc elteltével, amikor visszakerül a ketrecbe, pedig már minden teljesen tiszta, mint a patyolat. – Ez nem is az én házam! Miért ide tettetek? Nekem jó volt ott! Szerettem, meg minden! Tudom, hogy a boltban azt mondták, túl kicsi nekem ez a ketrec és a benne lévő hörcsögkerék is, ezért nem fog jót tenni a gerincemnek, meg anyám kínja... azt sem tudom mi az a gerinc! De nekem akkor is jó volt! – Hörcsög Béla igyekszik tépőzárhangot hallatva minden egyes panaszának nyomatékot adni, de Nőszemély csak gagyarászik neki, mint holmi csecsemőnek. Valami olyasmit, amit Béla már végképp nem tud és nem is akar felfogni, majd ajtónyitódás és -csukódás hangja után minden zaj elhal.

Béla igyekszik együtt élni a történtek hatásával, és ismételten körberohan a ketrecben. Lassan felfedezi, hogy ez mégis az ő saját lakja, aztán elindul, hogy a szagát széthintse ismét a forgácstengerben, meg persze annak szárazföldjén is. Fontos az alaposság! Ezt Hörcsög Béla már számtalanszor megtanulta.

A hörcsög IQ-ja – körülbelül kettő

Faforgácsfalván is eljön az a pillanat, amikor hősünk, Hörcsög Béla unatkozni kezd. Ilyenkor pedig, amikor a dühöngést félreteszi, kedve támad szórakoztatni a nagyérdeműt. Sikerül neki, amennyire sikerül...

– Hé, haver, figyelj! Most valami nagyon tutit fogok mondani. Mesélek egy viccet, jó? Azt mondja, hogy... Hallottad már azt, hogy mi van, amikor a hörcsög fára mászik? Na, na? Ha-ha! Én sem hallottam, ugyanis csak a ketrec falát mászom! Na? Jó volt, mi? Nőszemély is jókat röhög ezen. Örülök, hogy tetszik a vicces énem is, és nem csak az, ha dühöngök. De ha Nőszemély hazaér, akkor rögtön találni fogok valamit, amin úgy kiakadok, mint annak a rendje!

Béla unalmában összevissza sétálgat a ketrecben, és közben határozottnak akar tűnni.

– Szimat, szimat, szimat... – ismételgeti félig hangosan, félig magában. – ALMA! Fúj... alma! A múlt héten ástam el, de még frissen sem hoz lázba, azt kell hogy mondjam. – Hörcsög Béla gyorsan vissza is kaparja az összefonnyadt almadarabot a forgácstengerbe, és megy tovább. – Mag, mag, mag! – ujjong most jobban, minden egyes általa szónak gondolt hangot szigorú szabályok szerint háromszor megismételve. – Vajon mi lehet? Kukorica? Nem... Meggymag? Fúj már! Azt sem tudom, mi az! – találgat úgy, mintha hirtelen a kettes helyett százkettes IQ-ra tett volna szert, és olyan fogalmak jutnának az eszébe, aminek korábban a létezésükről sem tudott. Talán így van, talán nem. Ki érti egyáltalán Bélát, a Hörcsögöt?

Még Nőszemély sem... – Mogyoró, mogyoró, hát persze, hogy mogyoró! – ismétli meg háromszor a nagy felfedezését, mint ahogyan azt már megszokhattuk tőle. – A múlt héten rejtettem el itt, Faforgácsfalva északi határában, hogy „majd megeszem másnap”, de aztán nem ettem meg. – Béla úgy dobálózik a felnőttes megállapításokkal, mintha számon tudná tartani az idő múlását, és pontosan tisztában lenne azzal, hogy mikor volt az a bizonyos „múlt héten”, pedig igazából fogalma sincs erről. Most a miniatűr mancsai közé veszi a fél szem, már valamennyire korábban is megcsócsált mogyoródarabot, és ismét elmélyült rágásba kezd.

– Ez nem is rossz! – motyogja két rágás között Hörcsög Béla. – Ez nem is rossz, ez nem is rossz – ismétli meg még kétszer, ahogy kell. – Tudtam én, hogy jó lesz még valamire. Ha éppen nem kapok friss, vitaminizált – fogalmaz úgy, mintha ismerne ilyen kifejezéseket, és pontosan tudná, hogy mit jelentenek – tápot, akkor a gondosan elrejtett mogyorók bizony nagy hasznomra tudnak lenni. Nyamm, nyamm, nyamm... – És már nem is kell magyaráznunk, hogy miért hangzik el háromszor ugyanaz a „magvas” gondolat Hörcsög Béla szájából, miközben némi mogyoródarálék melléhullik, de eme járulékos veszteségekkel Béla úrnak már nincs ideje és energiája foglalkozni. Túlzottan lekötik határidős teendői, miszerint a többi félmogyorót is meg kell találnia, amelyeket állítása szerint „a múlt héten rejtett el” Faforgácsfalva hatalmas óceánjában, annak ellenére, hogy a lak tegnapelőtt lett kitakarítva. Ő tudja...

– Na álljunk meg egy pillanatra! – ejti el hirtelen a már csak negyed mogyorót Béla, amikor éppen a történet végére értünk volna. – Ezt majdnem el is felejtettem: Azt hallottátok már, hogy milyen, amikor a hörcsög átússza a Balti-tengert? Na, na? Ha-ha, hát én sem, mert azt sem tudom, mi az!

Éjszakai Szöcsketetrisz – tehát ezt sem szereti!

Sötét éjszaka telepedett Faforgácsfalvára. Remek alkalom arra, hogy Hörcsög Béla kiválogassa az eledeles edényéből, hogy mit szeret és mit nem. Vajon mit tesz azzal, amit ki nem állhat?

– Girnyó[1]! Kaptam girnyót! – örvendezik Béla, amikor a házikójából kimászva meglátja edényében a nagymennyiségű lisztkukacot. Azonnal lelkes falatozásba kezd. Nőszemély és férje azért adták neki éjszakára a sok férget, hogy nézni se kelljen, ahogy döglött állatokat töm magába az ő szeretett Cucukájuk.

– Ez meg mi az Isten nyila, szöcske? – Áll meg egy pillanatra Hörcsög Béla az önfeledt lakmározásban, ahogy szétválogatja a táljába szórt, szárított eleséget. – Jáj, fúj! Ezeket most azonnal kiszállítom Faforgácsfalva határába. Őrködni még talán jók lesznek, mert esküszöm, olyan csúnyák, hogy még a ragadozók is elijednek tőlük. Én aztán meg nem eszem olyasmit, aminek még látni egyértelműen a szemét a fején! – szörnyülködik Béla, miközben nagy munkába kezd, és kihordja mind a tizenkettő szárított szöcskét, amit a táljában talál. – Hát, így már nem is tűnik olyan soknak az az ételmennyiség, ami megmaradt. Mindegy, azért jó. – Hörcsög Béla, ha most olyan emberszabású lenne, mint Nőszemély, akkor megvonná a vállait, így viszont csak mindenféle kísérőmozdulat nélkül rág

---

[1] „Girnyó" hörcsög nyelven annyit tesz: giliszta, de lehet, hogy inkább hernyó. Valamelyik a kettő közül, mert alacsony IQ-jának köszönhetően egyiket sem képes felismerni.

tovább. – Valahogy nem szimpatikus nekem ezeknek a szárnyas barmoknak az elhelyezkedése – utal Béla nem túl udvariasan a szárított rovarokra. – Mi lenne, ha elrendezném őket más formációban? Mondjuk, egész éjszaka más és más alakzatokat képezhetnék belőlük. Lehet, hogy akkor a sport a keréken nem valósul meg, de néha pihenni is kell. Nyugtával dicsérd a napot, vagy mi… – merülnek fel rendkívül magvas gondolatok Hörcsög Bélában, és közben olyan vad rendezgetésbe kezd, mintha tetriszt játszana, csak éppen a szöcskék nem tűnnek el, ha megfelelő formában érintkeznek – Maximum akkor, amikor Béla a kíváncsisága miatt beleharap némelyik hátsófertályába. Ilyenkor a hörcsöguraság megborzong: – Na ilyet se soha többé! – berzenkedik. – Egy próba volt, egyetlen teszt, utolsó esély a szárnyas vadbarmoknak – csillantja meg ismét rendkívüli, tagadhatatlanul udvarias jellemét. – De most már esküszöm, hogy soha többé nem veszek a szájba olyat, aminek holtában is feje van, és azon egyértelműen kivehetők a szemei!

Reggel persze gazdasszonyék is meglátták kis hörcsögfiuk „csodálatos" alkotását, és félig szörnyülködve, félig öklendezve igyekeztek dűlőre jutni abban, hogy ki tüntesse el az éjszakai szöcsketetrisz nyomait. Egy dologban egészen biztosak voltak: rovar többé nem lépi át a ketrec ajtaját.

– Nem is akarom! – jelentkezett azonnal Béla nagy egyetértésben. – Bár… ami azt illeti – vonakodott rögtön. – Girnyóban azért alkudozhatnánk. Annak nem volt se feje, se szeme… az íze is elég jó…

– Nem! – jelentette ki Nőszemély azonnal, mintha értette volna, hogy Béla miről beszél. Pedig nyilván nem érthették egymást, mégis ugyanarra gondoltak. *Majdnem* ugyanarra.

Hagyjatok a répával – avagy mégis mit eszik, és mit nem eszik Béla?

Történt egyszer, hogy Nőszemély elhatározta, minden zöldséggel meg fogja kínálni Hörcsög Bélát, hátha valamelyiket szereti. Mit is mondjunk? Nem igazán járt vitathatatlan sikerrel.

Béla néha úgy dönt, hogy márpedig nem! Mindegy, hogy miről van szó, csak egyszerűen nem.

– Miért nem eszel, Cucuka? Olyan finom a szárzeller meg a répa is. Még a mami és a papi is szeretik!

– Hagyjatok már békén! Miért nyomkodjátok a számba ezt a vackot?! Nem akarom megenni! Mi ez egyáltalán, és miért ilyen büdös? Ez nem az én szagom! – Béla szinte már kitér a hitéből. Nincs elég területe Faforgácsfalvának ahhoz, hogy eredményesen ki tudjon térni a két kéz elől, melyek közül egyik szárzellerrel, a másik pedig továbbra is sárgarépával tukmálja.

– Ma még nem is evett semmit – tűnődik el szomorúan Nőszemély. – Miért nem eszel, te Cucuka?

– Hagyd… – simít végig Nőszemély karján a férje, minden szeretet benne van abban, ahogy egymáshoz érnek.

Hörcsög Béla mindeközben eszeveszett tépőzárhang hallatásban tör ki, mert a következő pillanatban Nőszemély ismét nyomakodni kezd felé a zöldségekkel.

– Még a végén megharap, vigyázz! – figyelmezteti Nőszemélyt a férje.

Nőszemély abbahagyja az etetéssel való próbálkozást.

– Na végre! – lélegzik fel Hörcsög Béla. – Elég volt már a piszkálásból. Nem erre találtak ki engem! Csak szeress, és etess. De olyan kaját adj, amit szeretek is. Meg néha nézzünk hörcsögszemet, de aztán hagyj elbújni Faforgácsfalva pihepuha óceánjában! Nekem itt a legjobb, nézd! – mondja Béla, és ásni kezd a forgácsban.

– Azt írják a neten, hogy ez normális – tűnődik Nőszemély a telefonját böngészve. – Bekapcsolt nála az alagútásó ösztön.

– Forgács, forgács, forgács! – ismétli el boldogan felismerését szigorúan háromszor Béla. Magasról tesz arra, hogy a hörcsögszakik szerint mi a normális. Ő teljesen egyéni. Egyénien bolondos.

I-szák – avagy sokáig oda se bagózott, de most...!

Hörcsög Béla olyannyira megsínylette a Nőszemélyékhez vezető utat, hogy nagyon sokáig nemcsak nem evett, de inni sem volt hajlandó. Tehát az „I-szák” nem hálóra, azaz internetes adathalászatra vonatkozik, sem a koronavírus miatt on-line folytatott tóparti horgászatra (lásd: e-book [ibúk]), hanem arról árulkodik, hogy...

Faforgácsfalvára különleges nap köszöntött! Ugyanis Hörcsög Béla végre új, „gazdásodott” életében először megszomjazott. Nőszemély egyszer csak azt vette észre, hogy az ő Cucukája... – Hagyjatok már békén, Béla vagyok! – vág azonnal közbe Hörcsög Béla, de most ne foglalkozzunk ezzel. Szóval Nőszemély arra lett figyelmes, hogy Béla az általa gyűlölt szárzellerről nyalogat valamit. Ekkor jött rá... hogy... dobpergés: a lemosás után rajta maradt vizet issza! Ekkor aztán tanakodni kezdtek a férjével, és végül ismét megtöltötték az itatót, s abban az állapotában felszerelték a ketrec falára.

– Víz, víz, víz! – fedezi fel Béla. Azt ne firtassuk ebben az esetben sem, hogy honnan tudja, mit fog inni. Hozzászokhattunk már, hogy Béla egy az egyben meghazudtolja a hörcsögszakik megállapításait. Kezdjük talán már gyanítani, hogy az a bizonyos IQ nem kettő, hanem százkettő... de szigorúan csak kivételes esetekben! Néha Hörcsög Béla olyan együgyű, hogy azt inkább ne is részletezzük... – Ki merészelte azt mondani, hogy együgyű vagyok?! Még az IQ-m is kettő, kikérem magamnak! Akkor minimum kétügyűnek kell lennem, nem?!

– Béla, csss, ne tépőzárkodj már... – csitítja Nőszemély kedvesen, végre az állat valódi nevét használva. Vagy csak Hörcsög Béla hallotta volna azt, amit akar? Előfordulhat, hogy Nőszemély esetleg most is Cucukának, Mucikának, Cuclinak, Husikának vagy Bujcinak szólította, de bármi is hangzott el, a törpehörcsög azt a szót Bélának hallotta, és ez rendkívüli elégedettséggel és megnyugvással töltötte el.

– Jól van na, mami... így tetszik? – szólítja meg életében először kedvesen Béla a nőszemélyt. Aztán megrázza a fejét, mert azt hiszi, a gondolatait most nem ő maga irányította, pedig nem olyan nehéz kézben tartani annak a kemény két IQ-nak a gyeplőjét. Bélának be kell hát látnia, hogy a szeretetkommandó néha kicselezhetetlenül képes győzni.

7,4 az nem 8! – azaz még mindig nem változik semmi

Hörcsög Béla megunja, hogy mindig ölelgetik, és olyan ételekkel kínálják, amiket esze ágában sincs megenni, így elhatározza, hogy odébbáll. De hogy ez mennyire sikerül neki...?

Hörcsög Béla a számos megpróbáltatás után, amelyeket mind Nőszemélynek köszönhet, elhatározta, hogy elköltözik. Egyszerűen menekülnie kell, és kész! Mégis mit tehetne egy Béla nevű, hörcsög fajú élőlény, ha nem tudja elviselni, hogy mindig hozzáérnek, ezért minden másodpercben alaposan meg kell mosakodnia? Szörnyű, nem? Tehát Hörcsög Béla – általa gyűlölt nevén Cucuka, Mucika, Manóka, Cucli, Bujci, Bujka, Bujcika – ezért döntött úgy, hogy szedi a sátorforgácsát, és útra kel.

Mint ahogy azt a hörcsögszakik is megállapították, egy dzsungáriai törpehörcsög egyetlen éjszaka alatt képes lefutni nyolc teljes kilométert (a hörcsögkerékben). Béla pontosan erre építi elméletét, miszerint hamar meg tud majd lépni. Még egyszer visszanéz Faforgácsfalvára, és megerősíti magában az elhatározását: útra kel. – Bye bye, Nőszemély! – villog, mintha valóban tudna angolul, persze a dzsungáriain kívül semmilyen másik nyelven nem ért, és nem is kommunikál. – Engem többet nem fogsz bűzös gazokkal és nyomkorászó markokkal az őrületbe kergetni!

Béla beszáll hát a kerekébe, és eszeveszett rohanásba kezd. Szinte érzi apró lábaiban a kilométereket, amelyeket megtesz, egyiket a másik után, szigorú sorrendben.

Amikor elkezd hajnalodni, Hörcsög Béla morcosan veszi észre, hogy a táj semmit sem változott. Ház a helyén, kerék ugyanott, etetőtál egy centivel sem arrébb. Béla nem tudott volna egy különbséget sem mondani a korábbi állapothoz képest. – Csak egy baj lehet! – jelenti ki rendkívül tudálékosan. – Biztos, hogy nem futhattam teljes nyolc kilométert! Lehet, hogy csak 7,4 volt! Nem lehet más oka! De holnap indulok! Holnap elmegyek! Megragadom a lehetőséget! Addig is edzeni fogok. Mászok, függeszkedek, meg minden! Azokat legalább tudom is, hogyan kell, de tényleg! Elmagyarázzam? Szépen felmászok a ketrec oldalfalán a tetejére, aztán a hátsó mancsaimmal elengedem a ketrecet, és lógok, amíg csak bírok. Ez is biztosan hozzá fog járulni ahhoz, hogy sokkal jobban bírjam a futást, és ma éjszaka immár tényleg eljussak a következő faluig.

– Cucuka! Mami hozott neked finom hörcsögeledelt. – Béla ahogy meghallja a zacskó csörömpölését, nem bírja ki, és azonnal felmászik a ketrec szélére.

– Csak függeszkedem ám, nehogy azt hidd, Nőszemély, hogy itthon maradok! Elegem van belőled! Nem vesztegethetsz meg holmi táppal… izé, ő, most meg hova mész?! ADD MÁR AZT A KAJÁT! – kezd tépőzárhang kiadásába dühösen és kétségbeesetten Béla, amikor Nőszemély elindul a konyha irányába anélkül, hogy neki adott volna a kedvenc tápjából.

Így gyúrunk mi, hörcsögök – függeszkedés a ketrec tetején

Hörcsög Béla az elkövetkezendő napokban rendkívüli módon gyúrni kezd. Úgy döntött ugyanis az újabb adag roppant ínycsiklandó hörcsögtáp után, hogy nem igazán éri meg olyan hamar továbbállni, mint azt eredetileg eltervezte. De edz ám, úgy bizony!

– Egy-kettő, egy-kettő! – Hörcsög Béla csak kettőig tud elszámolni magában, amennyi pontosan az intelligenciahányadosa is. – A fészkes fenéket, miért nem megy több? Seggre esni már nagyon nem szeretek! ELÉG VOLT! – Béla kis szünetet tart, éppen annyit, hogy a hátáról vissza tudjon fordulni kiindulóhelyzetbe a forgácsba huppanás után. – Ó, hát persze! Megvan, hogy mi a baj! Egészen biztos, hogy csúszik a rács! A Nőszemélyfélék gyerekei is hogyan tudnának megkapaszkodni, ha az ő mászókájuk vagy milyük nem lenne legalább valamennyire érdes, amin meg lehet tapadni?! Az ő mancsuk sincs beragasztózva, vagy igen?! HÉ, NŐSZEMÉLY! RAGACSOT KÉREK! MOST! – De Béla hiába is kiabál kitartóan az ő humoros – szerinte persze rendkívül fenyegető – tépőzárhangján, Nőszemély fel sem emeli a fejét a számítógépéből. Bizonyára valami fontos dolgot csinálnak mindketten a férjével. Bélának ilyenkor mindig kitartóan kell hancúroznia, mire fel nem figyelnek rá, és végül odamennek. De szinte mindig csak értelmetlenül gagyarásznak neki, aztán mennek tovább a dolgukra. Béla semmire sem megy velük igazán.

– De aranyos vagy, Cucuka! Hát, ez a hihetetlen! – hökken meg Nőszemély a mutatványon.

– Szerintem nem szoktak ilyet csinálni a hörcsögök, de mindegy – nevet Nőszemély férje is.

– Egy-kettő, egy-kettő! – *Puff!* Hörcsög Béla akárhányszor elkezdi felhúzni magát a ketrec falán, mindig csak a „második" kettőig jut el, aztán a ketrece aljában lévő forgácsra huppan. – A fészkes fenéket már! Mikor leszek elég erős?!

– Ha adnánk neki még fehérjét, akkor lehet, hogy elkezdene izmosodni, azt olvastam a neten. Lehet hogy ő maga is arra gyúr! – veti fel a témát Nőszemély.

A férje nevetni kezd, majd kedvesen megcirógatja az arcát. – Ugyan már, dehogyis! De olyan aranyosan mondtad, annyira meggyőzően, hogy egy pillanatra még én is elkezdtem hinni benne.

– Nevethettek rajtam! – dühöng Béla. – De egyszer olyan erős leszek, hogy nem is csak a következő, hanem az azutáni faluig is elfutok, aztán majd nézhettek, hogy hová lett a ti Cucukátok! Jaj, istenem, fúj már ez a név! Már én is elkezdem ezt mondogatni. Azt hiszem, itt a vég! Ezt nem engedhetem meg magamnak. Lehet, hogy mégis helyes volt az a megállapításom, hogy indulnom kell. És hagytam magam megvesztegetni… többé nem fogom! – Abban a pillanatban, hogy Hörcsög Béla ezt kijelenti, megcsörren a kedvenc, vitaminizált tápjának tasakja, ő pedig azonnal lelkesen tapad a ketrec falához, aminek túloldaláról a hang érkezik. Ez az egyetlen, aminek képtelen ellenállni. – KAJA! ADJATOK NEKEM KAJÁT! Nőszemély! Hé! Ki ne menj innen, amíg nem adtál nekem belőle! Meg ne próbáld! Ne merészeld...!

Végre új város – avagy más helyre került a kajás edény

Hörcsög Béla mindössze egyetlen időpontban nem befolyásolt semmiféle szeretetkommandó által: amikor éjszaka van, és Nőszemélyék alszanak. Így hát, ennek a dajkálásban és tápevésben gazdag napnak a végén is elhatározta, hogy ismét futni fog. S nem többtől, mint nyolc kilométertől reméli a megváltást...

Hörcsög Béla fut, fut, fut – szigorúan háromszor. Mi is így tárgyaljuk hősi tetteit, hiszen meg akarjuk adni neki a tiszteletet, amiért minden éjszaka nekiiramodik, hogy lefusson nyolc kilométert, amiről az emberfélék 99,999%-a álmodni sem merne. Mármint arról, hogy ő teljesíthetne egy ilyen távot.

– El sem hiszem, de ez megy! Mindjárt megvan a nyolc! – áll meg néha szuszogva Béla, de aztán halad tovább kitartóan a kerekében.

Hörcsög Béla az előrehaladás érdekében olyan kitartóan és sebesen teszi egyik lábát a másik után, hogy arra nincsenek szavak. Béla mégis beszél, ugyanis amikor úgy érzékeli, hogy lefutotta már azt a bizonyos nyolc kilométert, elégedetten fedezi fel, hogy új városba érkezett:

– Sikerült! Ez az! Tudtam én, hogy ma éjjel magam mögött tudom hagyni Faforgácsfalvát és Nőszemélyéket! Fura is lett volna, ha ez nem jön össze, hiszem annyit edzettem magam, teljesen felgyúrtam a mancsaim, meg minden! – áll neki szövegelni örömében Béla. – Mindenki megnézheti, milyen vastag lett az összes porcikám attól a sok munkától, amit befektettem a felkészülésbe – hivatkozik a valóságot elferdítve, a mértéktelen tápfogyasztásra Hörcsög Béla.

Béla örömének oka az, hogy a ketrec teljesen másképp van berendezve, mint korábban. Nőszemély és a férje annak érdekében, hogy kedvencük többet egyen – ha van erre mód –, elsődleges szempontként az eledeles edényt közvetlenül a házikó nyílása elé helyezték el, így maga a hörcsöglak egészen más arculatát mutatta. S mivel Hörcsög Béla intelligenciahányadosa nem több, mint kettő, így ő napközben ezt nem vette észre, csak most, éjszaka, amikor aktívabb.

– Tudtam én, hogy sikerülni fog! Egy ilyen hörcsögnek, mint én, egyszerűen nem lehet kudarcokkal tele az élete! – ujjong úgy, olyan kifejezéseket használva, mintha pontosan tudná, mit jelent az a „kudarcokkal teli élet”. Pedig mint tudjuk, Hörcsög Béla IQ-ja… pontosan! Kettő! Nem is kell ezt túlzásokba menően részleteznünk, már anélkül is megtanultuk. Béla szerint is ezt már mindenki kívülről fújja, legmélyebb álmából felébresztve is.

Na de ne menjünk ilyen messzire! Ráadásul olyan dolgokkal foglalkozva, amelyeket már számtalanszor megemlített a túlélőnapló. Mert bizony azzal állunk szemben!

– És kinek a nagy túléléséről van itt szó, kérem szépen? – kérdezné a szemöldökét felvonva egy kedves olvasó.

– Hát az enyémről, ki máséról? – felesel vissza azonnal a ketrec falát szaggatva Hörcsög Béla. – Hihetetlen és felfoghatatlan az a tény, hogy ez eddig nem tudatosult! Akkor mi a fenének koptatom én itt a *fogaimat* és a *karmaimat* egész álló éjjel? Miért futok nyolc kilométert?

– Jó, elnézést, de… – Mielőtt a kedves olvasó még befejezné, Béla közbevág.

– Még tápot sem hozott?! Na, itt a vége! Menjen innen! Kérem a következőt!

– Na de kérem, uram, ez… egészen biztos vagyok benne, hogy nem így működik! Miért kellett volna tudnom, hogy miről van szó, ha nincs is sehol feltüntetve?

– Nyissa ki a szemét! – felel még mindig udvariatlanul Béla.

– De… én nem akartam Önt megsérteni…

– Akkor menjen már!

– Béla… úr!

– Akkor nem sért meg, ha most azonnal távozik – köti az ebet a karóhoz Hörcsög Béla, bár azt sem tudja, hogy mi az az eb, azt meg pláne nem, hogy mi a karó.

A figyelmetlen olvasó pedig belátva, hogy tévedett, lassan elkullog. Aztán persze később arcot és orrot elfedő maszkban, táppal a kezében vissza fog ólálkodni. Elővigyázatosan, hogy Béla ne ismerje fel, ugyanis ismét elszalasztott egy apró részletet: Hörcsög Béla intelligenciahányadosa mindössze kettő, emlékezete pedig legjobb esetben is maximum egy napot ölel fel.

Miután Béla begyűjtötte a számára szimpatikus olvasóktól a tápot, a többit pedig elküldte a búsba, lapulni a balfenékre, élete nem marad felhőtlen, ugyanis amikor felvirrad a másnap reggele, nagyon is ismerős hangra lesz figyelmes.

– NEEEE! – hallat erőszakosan határozott, rétestésztaszerűen elnyújtott tépőzárhangot. Nőszemély meg is lepődik ezen a kitörésen, ugyanis még hozzá sem ért aznap a háziállatához. – Mi lesz majd, ha ma is dögönyözni kezd? Hajaj, hogy mi lesz! Arra senki sem lehet kíváncsi. Vagy mégis? – kérdezi Hörcsög Béla, mert bizony minden eszmefuttatásba bele kell folynia, még akkor is, ha nem mindig érti, miről van szó.

„Leköplek!” – Amikor Bélának elege lesz a dajkából

Viszonylag hosszú időnek kell eltelnie, mire egy dzsungáriai törpehörcsögöt sikerül kihozni a sodrából, de ha egyszer ez összejön, akkor bizony édes a bosszú – mert igenis Hörcsög Bélának is vannak eszközei arra, hogy megtorolja a végletekig kitartó szeretetkommandót. Van az a pont…

– Nem lehet igaz, hogy ilyen magas ez a fal! Túl puha ez ahhoz, és göröngyös! Még mindig van belőle! Fal… fal, fal, felfal! Jaj! – ismétli el ugyanazt háromszor Béla, mielőtt ráébredne – rendkívüli együgyűsége miatt fáziskéséssel –, hogy miről is van szó valójában.

– Teszel le azonnal, Nőszemély! – fakad ki Hörcsög Béla. Kitartóan ordibál tépőzárhangján annak ellenére, hogy Nőszemély egy szót sem ért belőle. – Már megbeszéltük, hogy ilyen nem lesz többé, nem?!

Béla kiabálhat akármennyit, amiért újra meg újra bebizonyosodik az az elmélet, hogy a simogatás az embernek jó, nem pedig a házikedvencének. Nőszemélyt viszont nem igazán érdekli ez a tény. Mindennap, ha ideje engedi, akkor addig köröz kezével a ketrecen belül, míg ügyesen meg nem kaparintja szegényt Bélát. Nőszemélynek feltett szándéka, hogy megértesse a dzsungáriai törpehörcsöggel, hogy a simogatás igenis neki is jó. Ez néha már-már sikerül, de aztán egy ponton mindig kudarcba fullad a dolog.

Márpedig akkor, amikor Béla elkiáltja magát:

– Ha nem engedsz el, leköplek!

Nőszemély persze nem érti, hogy mit akar a hörcsöge a sok csipkelődés után. Ám a következő pillanatban már nem titok többé, hogy mi következik. Béla heves pofazacskó-kiürítésbe kezd, egyenesen Nőszemély pólójára.

– Jaj, jól van már, nyugi! Visszateszlek! – pattan fel Nőszemély a kanapéról, ahol eddig ült Bélát a kezében tartva. Gyorsan visszateszi az állatot a ketrecbe, miközben igyekezik úgy ügyeskedni, hogy a magok, amik egyszer már megjárták a hörcsög pofazacskóját, ne szóródjanak szét a padlóra, és elérje velük a szemeteskosarat.

Mi lenne, ha Nőszemély és Béla szót értenének?

Történt egyszer, hogy Nőszemély különös álmot látott. Gagyarászva szólt Hörcsög Bélához, ám az ebben az esetben ugyanúgy, az emberek nyelvén válaszolt vissza.

– Nőszemély, ne akarj már nekem mindenáron répát adni, ha egyszer már megmondtam neked, hogy nem szeretem, és kész – zsörtölődik magában ismét szokásához híven Béla. Egy különbség volt most csak az eddigi esetekhez képest:

– Hogy-hogy Nőszemélynek szólítasz engem? – kérdez vissza meghökkenve Béla gazdija, és maga is meglepődik azon, hogy érti, amit a kisállat mond neki.

– Életedben először kérdezel vissza rá! Eddig miért nem?

– Mert nem értettem! Most sem tudom, hogy hogyan… Jézusom, egy hörcsöggel beszélek. Gabe! Gabe! Azt hiszem, nekem elment az eszem – kiabál kétségbeesetten Nőszemély a férjének.

– Nincs veled semmi baj, drágám – cirógatja meg Gabe kedvesen a nő arcát. – Csak már olyan sokat gagyogtál ennek az apróságnak, hogy azt képzeled, mintha értenéd is, amit válaszol. Szerintem aggodalomra semmi ok. Megyek fogat mosni. Gyere te is, jó?

– Persze, igazad van, mindjárt megyek… – motyogja tétován Nőszemély, de nem mozdul el a ketrec elől. Bambán bámul a törpehörcsögre, aki szintén őt nézi.

– Na, mi az? Mi van, mi van, mi van? – ismétli Béla. Nőszemély fejében megfordul, hogy ha az egész életét így kell élnie ezután, hogy a kis lénynek minden egyes szavát hallja, akkor valószínűleg hamarosan zártosztályra fog kerülni.

– Idegesítőbb vagy, mint egy kisgyerek, már ne is haragudj, Cucuka!

– Kikérem magamnak, hogy idegesítő lennék, és a Cucuka meg minden más nevet is a pokolba kívánok!

– De hát én adtam neked ezeket a neveket. Plusz én sem szeretem a Nőszemélyezést egyébként, ha már itt tartunk! – száll vitába Nőszemély Bélával. Furcsamód Gabe nem avatkozik közbe annak ellenére, hogy fogmosás közben sétálgatva többször is elhalad a nappali nyitott ajtaja előtt, ami mellett a ketrec is található.

– Jó, lehet, hogy te így nevezel, de az én becsületes nevem akkor is Hörcsög Béla!

– Fú, ehhez nem lesz egyszerű hozzászoknom, kedves… Béla úr – neveti el magát Nőszemély.

– És én téged hogyan szólíthatlak?

– Én örülnék a maminak is, de a nevem Anna… Anna Nőszemély.

– Nőszemély, Nőszemély, Nőszemély! Na, jó, Anna… – ujjong Béla. – De akkor nem akarok látni több szárzellert, sárgarépát meg almát. Csak azt a finom tápot! Azt bizony!

VÉGE, VÉGE, VÉGE!

Jakab Tamás

Andris a biozombik ellen

1.

A dombról bámultam az égbe meredő paneltömböket, és próbáltam annyi ideig visszatartani a levegőt, hogy elájuljak. Miután fél órán keresztül hiába próbálkoztam, úgy döntöttem, inkább csinálok egy zenekart.

Lementem a Garázshoz, ahol Ricsi és Gabi épp a sörüket szopogatták. Sosem tudtam elképzelni, hogyan képesek még hétköznap is foglalkozni azzal, hogy belőjék a hajukat: Gabinak nu metal tüskéi voltak egyenesen 2004-ből, Ricsi fején pedig egy húsz centi magas punktaréj díszelgett. Nekem általában két-három évente érte olló a hajamat, de azt is megbántam minden egyes alkalommal.

– Cső! – dobtam le magam melléjük. – Csinálunk egy bandát?

– Megint? – kérdezte Gabi.

– Most jó lesz, érzem a dalokat!

– Légyszi, legalább két-három feldolgozást nyomjunk már! – szólalt meg Ricsi. – Legalább a *Kurva élet*et! Azon kívül játszhatjuk a szarjaidat…

– Persze, menjünk egyből lagzikra is! – kontráztam.

Ez a kreativitás halála bazdmeg: a basszeros mondja meg, hogy mi legyen. Érted, négy húrja van, abból kettőhöz tíz éve hozzá sem ért.

– Pár pörgősebb számot tényleg nem ártana tolni – mondta Gabi. – Hátha maradnának emberek a koncert végére is.

– Bénák vagytok – tettem pontot a dolog végére. – De oké, majd meglátjuk. Nyolckor Gabiék garázsánál? Faterod nem dobálta még ki a cuccokat?

– Asszem, nem – mondta Gabi.

– Basszuk! C-G-A-F! – tette hozzá Ricsi.

***

A dolgokat általában két nagy csoportra tudtam osztani: Voltak azok, amiket kurvára untam, és azok, amikhez semmi kedvem sem volt. A zenélés tűnt az egyetlen kivételnek, attól egészen megjött az életkedvem.

– Lesz másik téma is? – ébresztett föl a transzomból Gabi a dobok mögül.

Épp az új számomat igyekeztem felvezetni nekik, de kicsit elmerültem a gitározásban.

– Mi?

– Ugyanazt a két hangot játszod fél órája.

– Ti miért nem játsszátok?

– Mert szar – felelte Ricsi.

– Na jó, akkor legyen az, hogy összerakunk egy sajátot, aztán megtanuljuk Ricsi valamelyik kedvenc Alvin számát. Így jó?

– Ez a beszéd! Mutasd csak! Mit fogsz? – hajolt közelebb Ricsi.

Ezzel végre sikerült kicsit felpörgetni a dolgokat. Persze azt nem kötöttem az orrukra, hogy közönség előtt kurvaélet, hogy nem játszom a *Kurva élet*et. Úgy voltam vele, hogy ha kicsit belejönnek, majd megérzik, mennyire fasza az új dal.

„Hideg falakat húzok magam köré!!!”

Ez volt a csúcspont: négy körig suttogtam, aztán meg ordítottam. Amikor kicsengett az utolsó hang, úgy éreztem, hogy én vagyok a legnagyobb király az univerzumban, de aztán...

– C-G-A-F!

– Tróger fasz! – kiabáltam, de nekikezdtem.

Jó, nem fogok hazudni, élveztem. Tizenháromnak éreztem magam, akkor énekelgettük ezt Ricsivel torkunkszakadtából kúperteszten. Annyira belejöttünk, hogy éjfélig játszottuk körbe-körbe. Amikor aztán kimentünk cigizni, valaki lekiabált az egyik házból:

– A TI KURVA ANYÁTOKAT!!!

– Gyerünk a faszba inni! – javasolta Ricsi.

Nem ellenkeztem. Pénzem ugyan nem volt, de a tizenhét *Kurva élet*tel reméltem, hogy kiérdemlek majd pár ingyen sört. Amikor odaértünk a Garázsba, már csak Feri bá verette magában.

– Gyertek, fiúk! Add már azt a gitárt, hadd játsszam el a *Börtön ablakában*t!

– Nem lehet, Feri bá, csak kölcsönbe kaptam – próbálkoztam.

– A kamus apád faszát! Nem is tudsz gitározni!

– Lehet, de legalább van gitárom.

– Ugye, hogy nem kölcsönbe van? Add már ide, no! – Azzal vette is le a hátamról. – Ejj, hát ez egy Dzsibzon?

– Nem, Feri bá, ez csak egy Baltimore – feleltem.

– Magyarul beszéljél már, more!

– Igen, ez egy Dzsibzon – hagytam rá.

Amíg az öreg kereste a *Börtön ablakában* akkordjait – amik amúgy ugyanazok, mint a *Kurva élet* akkordjai, csak más sorrendben –, bedobtunk fejenként vagy két sört. Ricsi kelletlenül ugyan, de meghívott.

– Jó volt ez a próba – jegyezte meg a záróböffentés után. – Az új dalod is egész király.

– Ja, nem volt rossz – tette hozzá Gabi.

– Ugye-ugye, Zoli! Pénteken jöhetünk koncertezni?! – kiabáltam be a pulthoz.

– A nagy büdös lófaszt! – jött a felelet, Gundi pedig pár fokkal hangosabban kezdte el magyarázni a statisztikai adatokat a Fradi-meccsről.

– Naa, lécci! Nem kérünk pénzt! Fejenként ezeröt fogyasztás, és mi már jók vagyunk! – A végét már kiabálnom kellett, de amikor a szavak eljutottak Zolihoz, Gundi hirtelen elnémult.

Zoli kijött az asztalunkhoz, majd megállt fölöttem:

– Na jól figyelj, te anyaszomorító! Ti ingyen soha többé nem isztok itt egy centet sem, és egy büdös fityinget se fogok nektek fizetni! Egy ezres a belépő, nekem fizetve! A múltkori után ez a minimum!

Mindig túlreagálta a dolgokat.

– Fejenként egy sör! – alkudoztam.

Zoli fújtatott, de már láttam rajta, hogy be fogja adni a derekát.

– Fejenként egy fácán. Na, menjetek a picsába, záróra van!

Végre volt valami, amit lehetett várni. Nagy nehezen kirángattam a gitárom Feri bá kezei közül, majd távozóban elkezdtünk vitatkozni arról, hogy mi legyen a banda neve.

– A Magnólia egy ultrafos név – mondta Ricsi az ötletemre.

– Tudod egyáltalán, hogy mi az? – kérdeztem.

– Én tudom, hogy mi az, és szerintem is szar – jegyezte meg Gabi.

– Mindegy, már mondtam Zolinak, hogy ez lesz a nevünk.

– Ott voltunk veled végig, és nem mondtál neki semmit – mondta Ricsi.

De közben már elővettem a telefonom, és csörgettem Zolit.

– Mi van? – szólt a telefonba idegesen.

– Figyi már, Zoli! Azt beszéltük, hogy Magnólia lesz a nevünk.

– És ez mégis ki a búbánatos anyátok picsáját érdekli?

– Hát, csak azért mondom, hogy majd ezt kéne írni a plakátra.

– Milyen plakátra?!

– Hát arra, amit majd kiraksz a Garázs ablakára.

Erre nem jött válasz.

– Zoli? – szóltam bele egy fél perc után. – Úgy is jó, hogy megcsinálom én a plakátot. Kirakosgatom pár helyre a városban, te pedig adsz nekem pár fácánt legközelebb…

A végére már letette, de a lényeg megvolt.

– Na, srácok, az van, hogy sajna már mondtam Zolinak a Magnóliát.

– Gebedj meg, te fasz! – zárta le a napot Ricsi, és befordult a lépcsőházukba.

– Cső! – köszönt el Gabi is.

– Császtok! Holnap próba!

Ahogy mentem a kettővel arrébb levő lépcsőházunk felé, hirtelen megcsapott a biofű szaga, de nagyon durván. Mivel nem nagyon láttam a környéken senkit, felnéztem a közbenső panelre. Egyetlen nyitott ablakban égett még a lámpa: a régi kémiatanáromnál, Miki bánál. Eléggé passzolt volna a helyi hangulathoz, ahogy Miki bá alsógatyában csinálja a herbácskáját, aztán zacskózva árulja a piacon. Elképzeltem magam előtt a jelenetet, de rájöttem, hogy egészen megéheztem a sok önkifejezésben, szóval hazamentem.

2.

– Hallod, Gabi, szerinted én alkoholista vagyok? – kérdezte Ricsi másnap a Garázsban.

– Nemtom – válaszolta Gabi. – Asszem, két fajtája van az alkoholizmusnak. Az egyiknél az számít, hogy iszol-e mindennap, a másiknál az, hogy berúgsz-e minden hétvégén.

– Nemtom, baszki. Mindennap bedobok egy-két sört, de nem rúgok be minden hétvégén, csak ha buli van.

– Az milyen gyakran van?

– Hát, pénteken lesz ugye a koncert, meg szombaton a városnap. Ja, meg szerdán a nyársalás. De múlt héten például csak az a házibuli volt Helgánál.

– Múlt héten filmeztünk, te farok – szálltam be én is. – Csak te valamiért hoztál magadnak egy üveg vodkát.

– Nekem úgy tűnik, hogy megfelelsz minden feltételnek – jutott a végső következtetésre Gabi.

– Alkoholista vagyok – ismételte meg az ítéletet Ricsi mereven bámulva maga elé.

– Gratulálok! – mondtam. – Amúgy tudjátok, mit éreztem tegnap este Miki bá ablaka alatt?

– Gondolom, bioszagot – válaszolt Gabi.

– Honnan tudtad? – kérdeztem.

– Az ablaka egy az egyben a miénkre néz. Pár hónapja minden éjjel kotyvaszt valami szart.

– És ezt eddig miért nem mondtad?

– Nemtom. Nem kérdezted.

Megint lepergett előttem a jelenet, ahogy Miki bá a piacon szintetikus löttybe mártogatott útszéli virágokat árulgat.

– Este nem megyünk fel hozzátok? kérdeztem Gabit.

– Minek?

– Meg akarom nézni Miki bá főzőműsorát.

– Felőlem…

– Egy kibaszott alkoholista vagyok – jegyezte meg Ricsi ismét szinte katatón állapotban.

***

A próbán megint össze tudtunk rakni két számot: az istencsászár részlegbe a *Technokol* című dalom került, aminek a refrénjében azt hümmögöm, hogy *„Odaragasztasz a mennyországhoz"*, a lámafarokszőr pakkba pedig felvettük a Picsától az *Ébresztő*t, mert Ricsi azt dúdolta egész délután. Próba után egyből mentünk Gabiékhoz, de Miki bá még nem látott hozzá a főzőscskézéshez.

– Addig nyomjunk már be valami filmet! – javasoltam. – Mi van a lejátszódban?

– Asszem, a Kaptár 2. – felelte Gabi.

– Ne már! Mid van még?

Megnéztem a polcot: Penge 2., Dracula 2000, Daredevil. Éreztem, ahogy a nadrágom tíz számmal nagyobb lesz, és visszarepülök 2003-ba. Már épp szóvá akartam tenni a dolgot, amikor felgyulladt a villany Miki bánál, és az öreg elkezdett kotyvasztani.

– Ricsi, add már oda a telódat! – mondtam, miközben rátapadtam az ablakra.

– Minek?

– Az enyémen nincs kamera.

– Ja – mondta, majd odaadta.

Csináltam egy videót, de nem voltam biztos benne, hogy látszik rajta használható bizonyíték.

– Gabi, szerinted erről a zsaruk tudnák, hogy mit csinál?

– Nemtom.

– Ricsi?

– Tudja a faszom.

Igazából nem értettem a drogokhoz. Hiába szerettem narkós dalszövegeket írni, nekem a pia sokkal jobban feküdt. Párszor kipróbáltam a füvet, de csak arra volt jó, hogy szétparázzam tőle az agyam.

– Na jó, holnap megmutatom a Sanyinak a szomszédban. Asszem, ő szokott spurizgatni, meg ilyenek.

– Te tudod – mondta Gabi.

– És én mivel telefonáljak? – kérdezte Ricsi.

– Tessék, itt az enyém! – Azzal odadobtam neki a Nokia 3110-emet.

– Úúú, ezen van a *Space Impact*?

– Biztos – mondtam, de már nem igazán figyeltem.

Arra gondoltam, hogy ha meg tudnám zsarolni Miki bát, akkor végre lenne valami állandó kereseti forrásom. Előbb viszont ki szerettem volna deríteni, milyen hálózat van az öreg körül, nem akartam túl nagy kutyákkal játszadozni.

3.

– Ez kajak a volt kémiatanárod?

– Ja – feleltem Sanyinak.

– Ne bassz! Állatul nyomja a csávó!

– De szerinted ez a kép bizonyít valamit?

– Miért? Fel akarod nyomni a csókát?

– Nemtom. Nem.

– Akkor meg? Amúgy fasz tudja. Nem értek hozzá, én csak felszívom.

– Fasza. És itt a városban kik a dílerek?

– Haha! Higgy nekem, nem akarod ismerni őket.

Na, ettől féltem én is.

***

Az esti próbán összeraktunk egy vadiúj számot, a *TV- zacskók*at, aztán megtanultuk a *Vidéki zene, vidéki srácoktól* című megagigaslágert az Aljas Kúszóbabtól. Az éneklési lehetőséget itt nagylelkűen átengedtem Ricsinek, aki egy árva hangot se talált el, viszont annyira ugrált, hogy az alacsony plafon elferdítette a taraját. Én inkább azon törtem a fejem, hogyan kerülhetnék közelebb a szintetikus mézesbödönhöz.

– Nem megyünk fel Helgához? – kérdezte Ricsi próba után.

Ekkor beugrott, hogy ő lesz az én emberem.

– De! Gyerünk!

Helga Ricsiékkel szemközt lakott. Azért lógtunk mindig nála, mert az ő anyja nem baszogatott minket, sőt néha még édességet is hozott.

– Nahát! Emlékeztek rám? – nyitott ajtót Helga.

– Tessék? – kérdeztem.

– Egy hete nem is kerestetek.

– Ja, ööö, zenéltünk…

– És most hogyhogy nem?

– Már megvolt a próba. Figyi már, emlékszel Miki bára?

Közben bementünk, és ledobtuk magunkat a kanapéra.

– Ja. Miért?

– Képzeld, az öreg biofüvet kotyvaszt otthon.

– Ezt honnan veszed?

– Gabiék ablakából látszott az egész. Figyelj, mutatok videót is!

Megnézettem vele. Ricsit meg Gabit már semennyire sem érdekelte a dolog, Ricsi el is kezdett keresgélni a filmek között.

– De miből gondolod, hogy ebből biofű lesz?

– A szagából. Az ablaka alatt éreztem előző nap.

– Az az undorító kutyakajaszag, ami Alexből áradt mindig?

– Jaja. Én is Alex miatt jegyeztem meg ennyire.

– Hát ez nagyon izgalmas… És mi a következő lépés, Sherlock?

Na ez az, amit még mindig nem tudtam. Viszont abban biztos voltam, hogy ha Helga menne föl a csókához, őt sokkal szívesebben fogadná, mint engem.

– Még nem tudom pontosan, de nem akarsz esetleg elbeszélgetni az öreggel?

– Tessék?

– Hát, így felmész hozzá, meglátogatod a régi tanárod, megkérdezed hogy van… kicsit szétnézel, ha esetleg van rá alkalom…

– Mi a bánat ez már megint?! Egy hétig rám se bagózol, aztán meg ideállítasz, hogy játsszak neked *Charlie angyalait*?

Istenem, csak a nőktől kímélj meg! Helga még egészen normális, de néha ő is meghülyül: elkezdi tolni ezt a passzív-agresszív szarságot, és egy hétig direkt otthon marad, hogy aztán azt mondhassa, hogy nem voltam kíváncsi rá.

– Mér' nem jöttél te felénk? Te se voltál kíváncsi ránk.

– Arra voltam kíváncsi, hogy észreveszitek-e, ha nem vagyok ott!

– Ne csináld már! Tökre szükségünk van rád. Így a próbáról Gabinak kellett elmennie sörért meg cigiért.

– Dögölj meg, te pöcs! Nem fogok kémkedni senki után a kedvedért!

– Hallod, menjetek szobára! – szólt közbe Ricsi. – Vagy nézzük meg inkább a *Vadbarmok*at!

A *Vadbarmok* volt Ricsi kedvenc filmje. Sőt, asszem, az egyetlen, amit ismert. Már kurvára untam, de valamivel le kellett csillapítani a kedélyeket. Beleéltem magam, hogy Helgát küldjem fel Mikibához.

– Jó!

– Nem jó! Utálom azt a szart – felelte Helga.

Ez persze nem volt igaz, de kaptam az alkalmon.

– Akkor nézzünk valamit, amit te akarsz! – javasoltam. – *Alkonyat*?

Erre elkezdett csapkodni egy párnával. Ricsi kihasználta a helyzetet, és benyomta a *Vadbarmok*at.

– Bocs, srácok – mondta, majd leült, és a biztonság kedvéért ráfingott egyet a távirányítóra.

– Utállak titeket – jelentette ki Helga, azzal ledobta magát arrébb egy fotelbe.

A film alatt végig képeket pörgetett a telefonján, de láttam, hogy amikor Ricsi már vonyított a röhögéstől, azért ő is elmosolyodott. Aznap már nem bolygattam a dolgot, úgy voltam vele, hogy majd a nyársaláson rábeszélem az akcióra.

4.

– Ne csináljátok már, kajak nem hoztatok semmit? – kérdezte a tóhoz menet Helga másnap.

– Nálam van három sör! – válaszolta Ricsi.

– Én hoztam egy könyvet – tette hozzá Gabi.

– Jó, én tényleg nem hoztam semmit. Cigit akartam, de tegnap beejtettem az utolsó szálat a WC-be – vallottam be.

– De mit fogtok enni?

– Nemtom, majd lenyúlunk valakit – feleltem.

– Mármint engem?

– Ööö… például.

Ezután a tóig nem szólt hozzánk. Mire odaértünk, már összegyűlt vagy tíz-húsz ember, és javában égett a tűz.

– Sziasztok! Mi a helyzet? – kérdezte tőlünk fontoskodó hangon Ádám, a választ meg sem várva. – Képzeljétek, már megraktuk a tüzet. Mit hoztatok? Nekünk van szalonnánk meg hambihúsunk is. Ti hoztatok szalonnasütőt? Mi hoztunk kettőt, de így eléggé szaporátlan, nem gondoltam, hogy ennyi ember össze fog jönni. Nem hoztatok véletlenül szalonnasütőt?

A következő másfél órában Ádám nagyjából ugyanezzel a levegővel kérdezett és válaszolt saját magának folyamatosan. Szerencsére Daniék már be voltak rúgva, és tök könnyen kínálgattak cigivel meg pálesszel egész este. Enni elfelejtettem, de aztán amikor másodjára hánytam, Helga belém tömött egy csöpögtetős kenyeret.

Valamikor később elmentem hugyozni, és hirtelen arra lettem figyelmes, hogy a fák között rohangál egy furcsán testszínű alak. Szürkület volt, ráadásul be voltam baszva, szóval fogtam a jobb kezemben a pöcsömet, a ballal meg átnyúltam valahogy az átellenes zsebemhez, és kirángattam a telómat.

Benyomtam rajta a zseblámpát, és igyekeztem a fák közé fordítani, de már csak egy lötykölődő sörhasat láttam közeledni egy szőrdzsungelben elvesző faszocska társaságában.

– Mi a f… – kezdtem neki.

– AGYAT! – ordította a sörhas gazdája, aztán rám vetette magát.

Na jó, igazából semmire sem emlékszem az egészből, de valami hasonló történhetett. Az utolsó dolog, ami megvan, hogy tömik belém a kenyeret.

***

Az eseményeket csak másnap mesélte el a Garázsban Ricsi és Helga.

– Szóval Helga etetett, de aztán mondtad neki, hogy cigizni akarsz, és elmentél hugyozni.

– Nem mintha nem cigiztél volna már alapból is, miközben próbáltam beléd tömni azt a szart…

– Jó ez mindegy, a lényeg, hogy ott pisáltál a tisztás szélén. Helga teljesen be volt szarva, és szurkolt neked, hogy sikerüljön.

– Rohadtul nem voltam beszarva.

– Térjünk a lényegre! – javasoltam.

– A lényeg az, hogy egyszer csak a fák közül rád ugrott Alex. Teljesen meztelen volt, és a fejedet rángatta. Odarohantunk, de senki sem akart hozzányúlni a sráchoz, mert nagyon undorító volt az egész.

– Csak állt, és nézett mindenki – tette hozzá Helga. – Vagyis Ádám nem, ő közben videózott is.

– Gecire undormány volt a csávó, ahogy hempergett rajtad, tiszta izzadság volt az egész teste. De aztán Helga fogott egy nagy fadarabot, és kupán vágta vele. Attól szerencsére kifeküdt, de hát, izé, még mindig ott volt rajtad.

Eddig a pontig kívülről képzeltem el magam, de itt hirtelen belülnézetre váltott az emlék, és ott feküdt rajtam egy nagy meztelen test, a pöcsöm pedig összeért az övével, és…

Ismét eldöntöttem, hogy nem iszom többet. Elmondták, hogy nagy nehezen leoperálták rólam a srácot, aztán engem valahogy elrendeztek, és kihívták Alexre a rendőröket. Ők semmi szín alatt nem akarták beültetni a kocsiba, de aztán Kinga beáldozta a plédjét, és így sikerült elszállítani.

– A telód ottmaradt. Tiszta húgy volt az egész, de ha kimész, valószínűleg megtalálod – fejezte be Helga.

– Bazdmeg, az az én telóm volt! – kiáltott fel Ricsi.

– Ó, hallod, jó is, hogy mondod. Add már vissza a Nokiámat!

– És az enyémmel mi lesz?

– Jobban kellett volna rá vigyáznod – mondtam, és elvettem tőle a féltéglát. – Mi a fasztól lehetett így bevadulva?

– Gondolom, szívott valamit, biztos Miki bá csodaszerét – felelte Helga.

Hoppá! Ez milyen király lenne, ha nem rajtam fetrengett volna tőle az a farok. Mármint, hogy a srác a farok, nem a farka… na mindegy.

– Mondasz valamit! Még mindig nem vagy hajlandó felmenni az őrült tudóshoz?

– Istenem, csak vicceltem… inkább szedd össze magad, ne ilyen faszságokon pörögj! – felelte Helga.

– A te lelkeden fog száradni, ha ez a cucc tovább terjed!

– Fú, oké! Felmegyek hozzá! Most azonnal! – Azzal el is indult.

– Az emberiség még hálás lesz neked! – kiáltottam utána.

***

– Na, mi volt? – kérdeztem Helgától, amikor visszaért.

– Semmi. Teljesen normális, megkeseredett, magányos, idős fazon. Nemtom, mit akarsz tőle.

– Semmit nem láttál? Abszolút semmit?

– Nem. Unatkozik és panaszkodik. Ennyi.

Nem tudtam elhinni, hogy semmi érdekeset nem talált.

– Andris, akkor holnap koncert? Nem igazán láttam plakátokat – jött ki Zoli az asztalhoz.

– Bazdmeg! – kiáltottam fel.

– Kajak elfelejtetted?

El.

– Dehogy! Csak azért mondtam, mert még egy számot össze akartam ma gyorsan rakni. Persze, holnap nyomjuk!

– Oké. Ahogy megegyeztünk: a belépő az enyém!

– Naná! Minden okés lesz, nyugi, hétre itt leszünk a cuccokkal. Hűtsd be a fácánokat!

Amikor Zoli bement, Gabi egy nap után végre megszólalt.

– Hány dalunk is van?

– Egyelőre hat – feleltem, és gyorsan összeraktam a fejemben a haditervet. – Helga! Csinálsz plakátot? Nekünk még össze kéne rakni pár dalt, szóval nem nagyon lenne időm. Úgy kéne, hogy reggel már kint legyenek. Ricsi, vegyél még három sört! Gabi, te hozhatnál cigit, és már mehetünk is!

– Nincs nyitva a dohányos, az előbb néztem – szólalt meg Helga. – A plakátokat pedig megcsinálom, de ha holnap reggelre nem lesz az ajtóm előtt egy jobb fajta meggylikőr, a seggedbe fogom feldugni őket.

– Na várj! – mondtam. – Nem az öregnél voltál? Ő a másik irányban lakik.

– Meggylikőr. Holnapra az ajtóm elé – felelte Helga. – Most épp mi a nevetek?

Kifújtam a cigifüstöt, aztán hanyagul odavetettem:

– Magnólia.

– Te jószagú…

Amikor közel volt egy határidő, általában kétszer olyan sebességgel tudtam pörögni, szóval még aznap este összeraktuk vagy három számomat, meg Ricsi is előkapott vagy kettőt a C-G-A-F repertoárjából. Így nem bántam, hogy azokat is nyomattuk, legalább könnyen összeállt egy koncertnyi dal. Este a kamrában találtam valami pancsolt piát, amit másnap reggel oda tudtam rakni Helgáék elé. Elég jól rajzolt amúgy, szóval úgy voltam vele, hogy így még jobban is jártunk. Minden faszának tűnt, csak aztán elalvás előtt hugyoztam, és eszembe jutott, hogy a pöcsöm előző nap Alex fanszőrzetében tett kirándulást…

5.

Hogyha menő zenekarok azt mondják, hogy örülnek annak, hogy sok ember kíváncsi rájuk, és ez nagyon sokat jelent nekik, akkor egy szavukat se hidd el! Azért örülnek a fejüknek, mert nem nekik kell pakolgatni az erősítőket meg a dobszerkót.

– Hallod, segítenem kell anyumnak, dobjátok már be gyorsan a cuccokat, légyszi! – mondtam telefonon Gabinak.

– Anyud az én anyámnál van műkörmözni még vagy három órán keresztül – felelte.

– Ööö. Bocs, rosszul mondtam, apumat akartam.

– Apud és az én apum hatra mennek focizni.

– Ne basszál már, te követed a szüleid napirendjét?

– Ja.

– Még le akarok tusolni. Jó lesz, ha a Garázsnál talizunk? – próbálkoztam.

– Nem. Fél hétre a garázsunknál leszünk, de megvárunk a pakolással, nyugi.

Így érezze magát az ember rocksztárnak. Kicsit megcsúsztam a zuhannyal, de amikor hétre odaértem, az öntudatos kis köcsögök kajak cigiztek a kocsinak dőlve. Végül beraktunk mindent, aztán odarobogtunk a Garázshoz Gabi járgányával.

– Milyen énekcucc lesz? – kérdezte Gabi.

– Hallod, Zoli, milyen énekcuccotok van? – továbbítottam.

– Semmilyen.

– Múltkor még volt az a sípolós fos.

– Kérlek szépen, azt hazavágtad, amikor teljes hangerőn ordibáltad azt az egy darab Vágtázó Halottkémek refrént, amit ismersz.

– Ne már! Ti vágtok valakit, aki tud hozni? – fordultam a többiekhez.

Alig két és fél óra múlva szereztünk valahonnan egy tíz wattos kiskombót és egy majdnem játék mikrofont, amit bele tudtunk dugni. Végül még emberek is keveredtek oda, amikor fél tízkor végre a húrok közé csaptunk.

Nem sokat szarakodtunk a számlistával, ábécé sorrendben nyomtuk az én dalaimat, aztán Ricsi gumipank részlegét. Az elején is bólogattak az emberek, de aztán a második résznél elszabadult a pokol. Nagyjából másfél órát játszottunk, abból az utolsó negyven percet *Kurva élet*ek töltötték ki. Mindenki énekelt, aki meg tudta kaparintani a mikrofont, de igazából tök mindegy volt, mert semmi nem hallatszott a kis szar kombóból. Amikor már teljesen kimerültünk, odaadtuk az első jelentkezőnek a hangszereinket, és kimentünk friss levegőt szívni.

– Elég fasza buli volt! – mondta Ricsi cigizés közben, amíg odabent Feri bá tolta a *Tetovált lány*t.

– Ja, nem volt rossz – jegyezte meg Gabi.

– Azért a saját számaink is tetszettek nekik, nem? – kérdeztem.

Erre nem kaptam választ, mert egyszer csak hátulról valaki a fülembe ordított:

– EZ A MOCSKOS ÉLET, EZ A KURVA ÉLET![2] MIÉRT NEM NYOMJÁTOK, BASSZÁTOK MEG?!

---

[2] Alvin és a Mókusok: Kurva élet

– Nyugi már! – fordultam meg, aztán megláttam, hogy Alex az. – Úristen, te élsz?

– Persze, Andriska. Hogy tetszett a tegnapi buli? – kérdezte Alex.

– Te emlékszel?

– A lófaszt! Csak Daniék mesélték, hogy közel kerültünk egymáshoz – mondta, majd dörgölőző hangon folytatta: – Andriskaa!

– A nagymamám hív Andriskának, légy szíves, ne! – Közben megint lejátszódott előttem a szerencsére csak fantáziámban élő jelenet. – Mi a picsától készültél be annyira?

– Ajj, nem tetszettem? Amúgy szívtam. Valami új cucc a munkatársamtól. Az a neve, hogy „halálka".

– Találó – mondta Helga, aki épp odaért Kinga társaságában.

– Ez kéne, hogy legyen a nevünk, és nem az, hogy Magnólia – vetette fel Ricsi.

– Alex! – szólt közbe Kinga. – Hol van a pokrócom?

– A mid?

– A pokrócom, amiben elvittek a sünök.

– Ja, hát fingom sincs. Nem emlékszem semmire, csak a muter mondta reggel, hogy a zsaruk vittek haza.

– Kinyírlak! Most honnan szedjem össze?

Ha már úgyis ott volt a srác aránylag tisztán, tettem egy próbát.

– Figyi már! Emlékszel még Miki bára?

– Hallod, Andris, ne már! – kotnyeleskedett közbe Helga.

– Ha te nem voltál képes felmenni a csókához, valamerre muszáj elindulnom! – zártam rövidre a témát.

– Ő volt a kémiatanár, nem? – kérdezte Alex.

– De, de.

– Mi van vele?

– Andrisnak az a mániája, hogy a fazon drogokat csinál otthon – felelte Helga.

– Haha! Mint abban a sorozatban, amiben methet csinál a tanár. Mi is a címe?

– *Breaking Bad* – feleltem. – Szóval nem hallottál róla semmit a narkós haverjaidtól?

– Nemtom, baszki. Elvileg van egy új forrás… ő lenne az? Úúú! Adnám, ha a volt tanárom biót csinálna! – azzal lelkendezve elment piáért.

Közben a többiek felszívódtak, csak ketten maradtunk ott Helgával.

– Remélem, ettől most nem kaptál vérszemet – mondta.

– Nyugi már! Tudom, hogy mit csinálok. Amúgy elég állat, hogy ennyi ember eljött. Nagy részüket alig ismerem.

– Nahát. És szerinted hogy-hogy ennyien eljöttek? – kérdezte.

– Hát biztos hallották, hogy van egy új bandám. Előbb-utóbb beérik minden.

– Istenem! Legalább egy plakátot megnéztél? Egész délelőtt ragasztgattam azokat a szarokat, és végigkérdeztem az összes ismerősöm. De legközelebb tuti, hogy nem szopok ennyit a kedvedért!

Na, ezt tényleg nem raktam így össze. Nem gondoltam volna, hogy ennyire belevetette magát.

– Fo! Ezt kajak te hoztad össze? Nem akarsz a menedzserünk lenni?

Erre nem szólt semmit, csak hátat fordított, és otthagyott. Kicsivel arrébb épp Alex magyarázott Daninak jó hangosan:

– Hallod, vágtad, hogy a Miki bá biót csinál otthon?!

– Kajak? Honnan tudod? – kérdezte Dani.

– Andris mondta. Vágod, kérdezte, hogy nem vágom-e a dílerét. Olyan lenne, mint abban a sorozatban, amiben a tanár methet csinál otthon. Mi is a címe?

– *Breaking Bad* – válaszolta Dani. – Hallod, Andris! Miki bá kajak biót csinál otthon?

Dani ezt ordította nekem, és a *Hey Joe* vége éppen kicsengett, szóval mindenki a fültanúja volt a dolognak.

– Ööö dehogy, csak poénkodtam – mondtam.

– Hagyjad már, az előbb tök komolyan kérdezte tőlem – mondta Alex.

A jelenet elég kínos volt, szóval inkább bementem inni valamit. Ezután mindenki furán nézett rám, szar ötletnek bizonyult Alexnek beszélni az öregről, de akkor már mindegy volt. Kb. negyed óra múlva inkább elhalásztam valahogy Feri bá kezéből a gitárom, és leléptem a picsába.

6.

Imádom a szombatokat, olyankor valahogy jobban esik a semmittevés. Így, hogy egész héten ittam, úgy tippeltem, hogy elég lesz egy sör, és már jól is leszek: nem is húztam az időt, egyből ébredés után elindultam a Garázsba. Ricsi is hasonlóan gondolkozhatott, mert a lépcsőházuk előtt összefutottunk.

– Milyen volt a buli, miután leléptem? – kérdeztem.

– Fasza! Nemtom, miért punnyadtál be, utána indult be igazán. Gabival meg Helgával tequiláztunk, aztán valahonnan kerítettünk egy gitárt, és hármasban verettük.

– Helgával?

– Hallod, ja! Nem vágtam, hogy így nyomja: egyszer csak a kezébe vette azt az uszadékfát, és elkezdte tolni a Grenmától az *Annyira szeretném*et. De kurva gyorsan, geci, alig bírtam követni!

– Fo.

– Aztán meg beszarsz! Földhöz baszta a gitárt, és lesmárolta Gabit, haha! Csak nézett a kis bamba.

– Ó!

– A végén meg kettesben léptek le, muhaha!

– Állat.

Fasz tudja, miért húztam el előző nap olyan korán. Asszem, idegesített, ahogy Alex magyarázott Miki báról. Így már full bénán hangzott, mint Alex többi narkós faszsága. Sajnáltam a dolgot, biztos királyabb lett volna, ha én nyomom el a *Közelítő távolítót*, mint ahogy ők tolták azt a nyálas szart.

Amikor odaértünk a Garázshoz, Zoli már messziről köszönt:

– Szevasz Andris! Hogy érint, hogy lecseréltek egy csajra?

– Nyald ki a seggem!

– Ajjaj, szóval nem viseled túl jól.

– Inkább add ide a fácánom, amivel tegnapról még lógsz!

– Bocs, de már odaadtam Helgának, ő legalább kiérdemelte.

Kezdett unalmas lenni ez a Helga-téma, de ők még magyaráztak róla vagy negyed órán keresztül. Végül Ricsi nagy nehezen elterelte a témát:

– Hallod, mi lesz ma a városnapon?

– Fingom sincs – válaszoltam.

El is felejtettem, hogy aznap lesz.

– Ejj, srácok, hát Korda Gyuri és Balázs Klári! – mondta Zoli.

– Bazdmeg, nyomják a *Reptért*? – csillant fel Ricsi szeme.

– Hogy a viharba ne!

– Akkor első sor! Andris, te is jössz, ma nem hagyom, hogy betunyulj!

– Kösz – válaszoltam eltelve várakozással.

Ekkor megérkezett Helga és Gabi. Együtt.

– Szevasztok, skacok! – köszönt nekik Ricsi.

– Hali! – köszönt Gabi.

– Császtok! – mondta Helga, és bement a mosdóba.

Gabi hozott egy sört, aztán leült.

– Na, mizu, mi volt tegnap? – kérdezte tőle Ricsi.

– Semmi. Mi lett volna?

– Hát nem együtt léptetek le?

– De, és?

– Hát hova mentetek?

– Helgáékhoz.

– És mi volt?

– Hát, semmi, mi lett volna?

– Arra kíváncsi, hogy meghúztad-e – mondtam kissé idegesen.

– És ha igen? – ezt már Helga kérdezte a hátam mögül.

– Hát, én aztán teljesen leszarom, hogy mit csináltok – feleltem.

– Úúú, látom.

– Ti jöttök a városnapra? – kérdezte a többiektől Ricsi. – Lesznek Korda Gyuri bácsiék.

– Naná! – felelte Helga. – *Reptér*en első sor!

– Te vagy az én emberem! – mondta Ricsi. – Nem akarsz csinálni egy zenekart? Csak punkosított Korda Gyuri számokat nyomnánk.

– Simán! Andris, nincs kedved beszállni? Lehetsz a roadunk.

Na, itt megelégeltem a faszfejeket, és leléptem.

***

Ahogy beértem a lépcsőházba, egyszer csak előttem termett egy kétajtós szekrény nagyságú, kopasz fazon. Tudod, az a fajta, aki a tarkójával is tud tátogni.

– Szevasz, kishaver! – köszönt.

– Ismerlek? – kérdeztem

– Nem, és ez a baj. Nem tudod, kinek a levesébe köpdösöl.

– Mi van?

– Erőltesd csak meg a fejecskédet! Nem te magyaráztál tegnap a kocsmában arról, hogy a szomszéd bácsi mit csinál a jól megérdemelt nyugdíjas éveiben?

Belém fagyott a szar.

– Ööö, az csak poén volt, tudod, ilyen… ööö, vicc…

– Akkor kurva szar a humorod. Na de a lényeg, hogy szépen akadj le a bácsiról, rendben?

Itt hozzányomott a falnak. Annyira abszurd volt az egész, hogy majdnem elröhögtem magam, de közben meg majd' összefostam a gatyámat, mert ilyet még nem basztam.

– Ha még egyszer meghallom, hogy magyarázol Miklós bácsiról, egyenként tépem ki minden egyes kis zsíros hajszáladat, és megetetem veled. Megértetted?

– Ööö, meg, persze.

– Tudom, hogy az ilyen kis buzernyákoknak a hajuk a legfontosabb az egész világon, és ezzel nincs is semmi gond. Csak…

Itt felcsavarta az egyik tincsemet az ujjára.

– …ne…

A másik kezével odanyomta a homlokom a falnak.

– …ugrálj!

És tövestül kitépte az egészet.

– A kurva anyád! – ordítottam.

Jó kapcsolata lehetett az anyukájával, mert belebokszolt egyet a gyomromba.

– Na, ide figyelj, kisköcsög! Ezt most megúszod, de csak mert nem szabad felizgatnom magam. Majd megtudod te is, ha idősebb leszel, hogy a koleszterin nem játék. A lényeg, hogy maradj nyugton, hallgass Tankcsapdát, idd a sörikédet, és élvezd az életet!

Azzal otthagyott. Kurvára fájt ez a hajkitépés dolog, nem kívánom senkinek. A kis kopasz biztos irigykedett, hogy másnak még van haja. Az viszont most már tiszta volt, hogy Miki bá tényleg komolyan űzi a dolgokat.

***

Otthon ettem, aztán visszamentem a Garázsba, mert muszáj volt valakinek elmesélnem az előbbi jelenetet. Mind a hárman ott ültek az asztalnál, ahol hagytam őket.

– Beszartok! – mondtam, amikor leültem.

– Mi az? – kérdezte Gabi.

– Miki bá tényleg nagyban űzi drogipart!

– Istenem! – kezdte Helga.

– Ahogy mentem haza, odaállt elém egy kopasz csávó, és megfenyegetett, hogy ha még egyszer magyarázok Miki báról, akkor kitépi a hajamat.

– Hallod, nemtom, miért vagy így felpörögve, ez rohadtul gáz – mondta Helga.

– Most mi bajod van?

– Semmi. Nagyfiú vagy, azt csinálsz, amit akarsz. A lényeg, hogy nem akarok tudni róla.

– És ha nem neked mondtam?!

– Nekem úgy tűnik, hogy a többiek sem fossák össze a bokájukat izgalmukban.

Ránéztem Gabira és Ricsire, de nem mondtak semmit.

– Jó, mindegy – mondtam, aztán leléptem.

7.

Eléggé elborult az agyam. Már megint úgy nézett rám mindenki, mintha egy nyominger fasz lennék. Egyre dühösebb lettem, így amikor Miki bá házánál valaki épp jött ki a lépcsőházajtón, gondoltam egyet, és felmentem hozzá. Ki akartam tálalni az öregnek, és meg akartam fenyegetni a zsarukkal. Nem érdekelt a kopasz geci, végre azt akartam érezni, hogy a kezemben van az irányítás. Megnyomtam a csengőt, aztán kopogtam is.

– Igen? – nyitott ajtót Miki bá. – Ó, András!

Olyan volt a feje, mintha örülne nekem.

– Jó napot! – köszöntem. – Azt hiszem, hogy beszélnünk kellene.

– Nocsak! Miről lenne szó?

– Délelőtt összefutottam a haverjával.

– Haverommal?

– Igen, egy kopasz csávó volt jó kemény ököllel.

– Á, bizonyára Krisztiánra gondolsz! Remélem, hogy nem volt túl vehemens.

– Hát, ő azt mondta, hogy visszafogta magát, de nem nagyon szokták kitépdesni a hajamat csak úgy.

– Ejnye, beszélek a fejével! Gyere beljebb, kérlek!

Bevitt a nappalijába. Közben nézelődtem, de csak a konyha ajtaja volt nyitva. Az úgy nézett ki, mint az összes többi konyha a városban: kockás terítő, kotyogós kávéfőző, kis tálkában apró cukorkák. A nappali olyan volt, mint nagyanyámé, és itt is volt a dohányzó asztalon azokból az apró szarokból. Nem is nagyon értettem, hogy miért jöttem be, azt még kevésbé, hogy ő miért szerette volna.

– Kérsz valamit inni? – kérdezte az öreg, miután leültünk két fotelbe.

– Nem, köszönöm.

– Ejnye. Egy cigarettával legalább megkínálhatlak?

Túl nyugodt volt a fazon, én viszont kezdtem egyre idegesebb lenni. Igazság szerint egy cigi elég jólesett volna.

– Azt megköszönném.

– Sárga Camelt szívok, remélem, megfelel.

Fú, de utáltam.

– Persze, meg.

Odanyújtott nekem egy szálat a tárcájából, majd ő is kivett egyet. Rágyújtottunk.

– Szóval miről szerettél volna beszélni?

Már el is feledkeztem a nagy elhatározásomról, és zavarba jöttem.

– Ja, ööö, igen, hát igazából csak Krisztián miatt vagyok itt – motyogtam. – Egyébként hogy tetszik lenni?

– Hát, András, nem panaszkodom. Élem a kis életemet, és mi tagadás, sikerül kiegészítgetni a nyugdíjamat, de gondolom, erről már te is tudsz.

Köhögő rohamot kaptam. Úgy volt, hogy én tálalok ki neki, nem pedig fordítva.

– Tessék? Tényleg drogot készít itthon? – kérdeztem, amikor összeszedtem magam.

– Ejnye, András, hát ezt így nyilván nem jelenteném ki. Egy vállalkozó kedvű fiatalember számára készítek bizonyos kemikáliákat.

– Ja, értem. Igen, végül is az a Krisztián kiköpött üzletember volt.

– Te már csak értesz az üzleti ügyekhez, jól mondom? Mivel is foglalkozol most?

Ettől a kérdéstől valahogy mindig ásítanom kellett.

– Hát, igazság szerint épp állást keresek, de igazából a zenélés az egyetlen, ami érdekel.

– Hát persze, a zene. Megvan még a zenekarod?

– Nem tudom, hogy a tanár úr melyikre gondol, de az valószínűleg nincs.

Kezdtem tényleg álmos lenni. Még mindig szívtam azt a puputevés lófaszt, és kezdett gyanús lenni a dolog. Főleg, hogy visszagondolva, mintha ez a szál a tárcájában külön lett volna rakva a többitől. Inkább elnyomtam, aztán felálltam.

– Elnézést, de mennem kell. Megígértem, hogy segítek anyukámnak.

– Igen? Nahát, biztosan örül neki, hogy ilyen lelkes vagy. De mintha fáradtnak tűnnél. Minden rendben?

– Persze, csak másnapos vagyok. Örülök, hogy… beszéltünk…

Egyre homályosabb lett minden, aztán paff.

***

Amikor magamhoz tértem, egy székhez voltam kötözve a konyhában, és a szám be volt tömve valamivel. Próbáltam kiszabadulni, de a zajra odajött az a vén fasz.

– Hoppá, felébredtél? Nyugodj meg, fiam, voltam katona. Nem mondom, hogy profi vagyok ebben a megkötözés dologban, de te eléggé nyeszlett egy gyerek vagy.

Leült az asztalhoz, vett egy kis cukorkát a tálkájából, aztán nekikezdett egy gecihosszú és geciunalmas monológnak. Valami olyasmi volt a lényege, hogy senki se becsülte meg őt, ezért úgy döntött, hogy neki is kijár a jóból, meg ilyenek. Már majdnem elaludtam, de aztán rátért az izgibb részre:

– Szóval készítgettem itthon a különböző kábítószereket, Krisztián pedig segített eladni őket. Meglehetősen jól ment az üzlet, de aztán ráuntam a dologra: a pénzzel nem tudtam mit kezdeni, a készítményeimmel pedig csak lecsúszott embereken élősködtem. Rájöttem, hogy ennél többet akarok, valami nagy durranást! Meg akartam mutatni a város lakóinak, hogy mennyire szánalmas kis életük van! Így hát kikísérleteztem a halálkát: bizonyára láttad Alex barátodon, hogy ez a szer az embert ténylegesen agyatlan zombivá változtatja. Annyira összeállt a fejemben az egész!

Valószínűleg látta rajtam, hogy most már figyelek, mert közelebb húzta a székét.

– Képzeld, Korda György és Balázs Klári városnapi koncertjén a füstgépekből halálkafüst fog szállni a közönség sorai közé. A *Reptér* című slágerük első refrénjére mindenki zombivá változik majd! Hát nem költői?!

Még közelebb ült, már éreztem a gecibüdös száját.

– Ez a nyamvadt város, ami a hétköznapokban is zombiként fogyaszt mindent, végre ténylegesen formát ölt!

A szemei egyszerűen ragyogtak a gyönyörűségtől. Felállt és járkálni kezdett.

– Krisztiánt nem avathattam be a tervembe, mert ő elég anyagias, és valószínűleg nem értené a művem jelentőségét. Mindenesetre most tájékoztattam, hogy ide jöttél fenyegetőzni, és kértem, hogy szabaduljon meg tőled. Nagyra értékelem, hogy végighallgattál, de sajnos nem kockáztathatok.

Megállt, és mosolygott.

– Még van pár elintéznivalóm, úgyhogy sajnos mennem kell – mondta, majd szedelőzködött. – Kérlek, add át üdvözletemet Krisztiánnak, remélem, jól fogtok szórakozni!

Azzal lelépett.

8.

A kiselőadás uncsibb részében szerencsére volt időm kiagyalni, hogy hogyan tudnék kiszabadulni. Mindig el szoktam hagyni mindent, szóval a fontosabb dolgokból (öngyújtó, pengető) tartottam magamnál egy pótdarabot, méghozzá az ingem zsebében. Így, amikor a végére ért a mondókájának és lelépett, azonnal akciózni kezdtem.

Először is – amennyire persze tudtam –, feltápászkodtam, és az ablakkilinccsel kibaszkuráltam a számból az odagumizott rongydarabot, majd a szabaddá váló fogaimmal előkapartam a zsebemből a gyújtót. El se hinnéd, mennyi mindent megtanul az ember a szájával csinálni, amikor a kezeit lefoglalja a sör és a cigi.

Leraktam az asztalra az öngyújtót, nagy nehezen megfordultam, aztán szépen elkezdtem leégetni a kötelet a kezemről. Sajnos ez már nem ment olyan felhőtlenül, rövidesen észrevettem, hogy nemcsak a kötél ég, hanem az ingem is.

– Bassza meg!

Egy évezrednek tűnt, mire végre engedett a kötél és kiszabadultam. Gyorsan ledobtam az ingem, és rohantam az előszobába. Megfogtam a kilincset, és teljes erőből megrántottam, de be volt zárva. A nagyobb gond viszont csak ezután következett: kattant a zár.

Gondolkodás nélkül berohantam a nappaliba, majd ki az erkélyre. Itt esett le, hogy a negyediken vagyunk, de még élénken élt bennem Krisztián kedves kis fenyegetése. Ha nem is lett volna így, az élmény gyorsan felfrissült:

– Megállj, kiscsákó! Mi ez az égett szag? Képes voltál felgyújtani Miklós bácsi konyháját?!

Nem sokat teketóriáztam, megfogtam a csatornát, és elkezdtem lecsúszni rajta. Közben a helyi vállalkozó már kint volt az erkélyen, és látta, hogy levágom az utat, de ő inkább a lépcsőház felé indult el.

A harmadikon épp cigizett egy néni, és amikor megjelentem a csatornájánál, kis híján szívrohamot kapott. Megfordult a fejemben, hogy bekéredzkedek az öreglányhoz, de aztán arra gondoltam, hogy semmiképpen sem akarok a Krisztián karjaiban kikötni, úgyhogy tovább csúsztam lefelé. Amikor földet értem, a lépcsőházból hallottam Krisztián fenyegetőzését:

– Nehogy futni merészelj! Ha futnom kell miattad, azt megkeserülöd!

Megkozkáztattam ezt a megkeserülés dolgot, és nekieredtem. Ahogy kifordultam a főútra, egyszer csak beleütköztem Gabiba, és mind a ketten elvágódtunk a faszba.

– Bazdmeg, mit keresel itt? – kiabáltam rá, miközben igyekeztem minél hamarabb felállni.

– Ööö, hozzád indultam. Miért futottál?

– Miatta! – mutattam rá a lépcsőházból kilépő Krisztiánra, és elkezdtem rohanni tovább.

Gabi szerencsére kapcsolt, és utánam eredt. Meg sem álltunk a Garázsig, ahol először mertünk hátra nézni. Krisztiánnak már nyoma sem volt, de a kocsmánál amúgy is ott ült egy rakás ember.

– Ki volt ez? – kérdezte lihegés közben Gabi.

– Krisztián – feleltem, majd lehuppantam egy székre. – Tuti, hogy leteszem a cigit…

– Ki az a Krisztián?

– Miki bá verőembere.

– Ja, értem. És miért szaladt utánad?

Ezután kivonatosan elmeséltem neki a látogatásomat Miki bánál, majd összefoglaltam az öreg ördögi tervét is.

– Aha. Szóval azt mondod, hogy a *Reptér* alatt mindenkiből zombit fog csinálni a füstgép?

– Igen.

– Értem. És most mit akarsz csinálni?

Hát, ezt nem tudtam. A sztori elég abszurdan hangzott ahhoz, hogy a rendőrségen kinevessenek, szóval valami más tervre volt szükség.

– Nemtom. Neked nincs valami ötleted? – kérdeztem tőle. – Tényleg, amúgy miért is jöttél volna hozzám?

– Ja, ööö, az annyira nem lényeges – mondta, és elkezdte vakarászni a fülét.

Gyanús volt nekem ez a mozdulat, szóval nem hagytam annyiban a dolgot.

– Na, ki vele!

– Hát jó. Szóval csak azt akartam mondani, hogy tegnap Helgával izé… nem volt semmi.

Ez a dolog ott valamiért nem igazán izgatott.

– Ennyi? – kérdeztem.

– Ööö, nem. Az a helyzet, hogy Helga nagyon részeg volt, és rám mászott… csak előtte folyamatosan rólad magyarázott.

Nem nagyon feküdt Gabinak ez a téma, eléggé zavarban volt.

– Jó, hát szokott rólam panaszkodni.

– Ez most más volt. Azt éreztem, hogy… szóval bejössz neki. Velem pedig csak azért szórakozik, hogy… na, érted.

Hát, ez meglepett. Helga állandóan csak baszogatott engem, de nem gondoltam, hogy ilyesmi lehet mögötte. Nem is tudtam volna rá úgy gondolni.

– Ööö, köszi, hogy ezt elmondtad, de engem nem érdekel Helga – mondtam. – Mármint nagyon jó haver, de semmi több.

– Tudom. A probléma az, hogy – kezdett neki, majd tartott egy jó hosszú szünetet – …engem viszont érdekel. És nem csak haverként.

Olyan szerencsétlenül nézett ki, ahogy ezt előadta, hogy majdnem elröhögtem magam.

– Aha. De ezt miért akartad elmondani?

– Mert egy faszfej vagy Helgával, és nem veszed észre, hogy ez rosszul esik neki.

– Bocs, de én ilyen vagyok. Ezt mindenki tudja.

– Igen, és egy normális ember nem is tűrne neked ennyit. Ő viszont… hát, nem tudok jobb szót, odavan érted. Vagy valami olyasmi. A lényeg, hogy emiatt többet néz el neked, mint az elvárható lenne, és te ezzel visszaélsz.

– De én erről nem tehetek. Nem én kértem, hogy zúgjon belém!

– Így is nézhetjük. De szerintem attól, hogy nem veszel róla tudomást, igenis visszaélsz az érzelmeivel.

– És akkor mi van?

Megint szünet következett, de végül kinyögte:

– Szeretném, ha változtatnál ezen.

Nagyon vicces volt, ahogy ezt mondta.

– Haha! És miért tenném?

– Mert ha nem, nem dobolok neked – mondta most már sokkal határozottabban.

– Mi van? – kérdeztem.

Itt már semennyire nem volt megszeppenve.

– Tudom, hogy neked a zene a mindened. Más valószínűleg nem venne komolyan egy ilyen zsarolást, de tudom, hogy rád ezzel lehet hatni.

Most rátapintott a lényegre. Ha én meg akartam volna zsarolni magam, tuti, hogy én is így csináltam volna. De kurvára nem tetszett, hogy ilyesmivel próbálkozik. Nem azért, amit csinálnom kellett volna – tudtam én kedves lenni, ha akartam –, egyszerűen nem szerettem, ha valaki irányítani akart.

– Szerinted nem találnék másik dobost, ha akarnék? – kérdeztem idegesen.

– Haha!

– Na jó, majd meglátjuk – mondtam. – Inkább foglalkozzunk a zombis témával! Igazán előállhatnál valami fasza ötlettel, ha már az előzőt is ilyen mesterien kiagyaltad.

– Hát, azt lehetne, hogy…

De ekkor a főtérről felcsendült a Nóta TV-s bemondó hangja:

– Üdvözlök minden kedves érdeklődőt! Nem is húzzuk tovább az időt, következzen Korda György és Balázs Klári!

9.

Erre csak két szót tudtam kinyögni:

– Na, bazdmeg!

– Ez baj – jegyezte meg Gabi.

– Na, ne mondd!

– Ricsi és Helga már ott vannak.

– Akkor hívd már őket, faszom! – mondtam kissé beindulva.

– Hát, Ricsit nehéz lesz.

– Jól van már, akkor Helgát!

Csörgette a telefonját, de hiába.

– Akkor gyerünk oda, majd közben előadod a terved! – mondtam, és nekilendültem.

– Jó – felelte Gabi, és megindult ő is.

Az előző rohanás már bőven elég lett volna arra a napra, mert most gecire kezdett szúrni az oldalam.

– Szóval mi legyen? – kérdeztem lihegve.

– Hát, az egyik lehetőség, hogy telefonon bejelentjük, hogy bomba van a helyszínen – mondta Gabi.

– Olyat nem tudsz, ami után nem visznek el a zsaruk?

– Nem nagyon. A másik, hogy felrohanunk a színpadra, elkapjuk a füstgépet, és elszaladunk vele a picsába.

Nehéz volt eldönteni, hogy melyikkel járunk rosszabbul. A telefonálós verzió diszkrétebbnek tűnt, de úgy tippeltem, hogy egy ilyen után, ha megbasznak, az rendesen kitágítja a segglyukamat. A felszaladós sztorit viszont már csinálták előző évben a Beatricén, és csak egy kótyagos polgárőr indult a rendbontók megállítására.

– Legyen inkább a felszaladás – javasoltam.

– Oké.

Eddigre oda is értünk. Ha nem lettünk volna éppen egy béna horrorponyva kellős közepén, valószínűleg jót röhögtem volna azon, ahogy az édességes és sörös pultok között az emberek csápolnak a Mámmámárijára, és ezt egy drón még videózza is. De sajnos épp egy béna horrorponyva közepén voltunk, úgyhogy igyekeztem a színpadképre koncentrálni. Két füstgépet láttam: egyet a jobb, egyet a bal oldalon. Mindkét oldalról fel lehetett menni a dobogóra, viszont amíg jobb oldalt ott volt az egész pereputty polgármesterestül és jegyzőstül egy rakás láthatósági mellényes fazonnal körbevéve, addig a másik oldalon csak egy szál polgárőr szivarkázott.

– Na, akkor balról megyünk. Tiéd a jobb oldali füstgép, én hozom a balt – közöltem a haditervet.

– Ja, én is így gondolnám – válaszolta Gabi.

– Hová menjünk vele?

– Kicsivel arrébb a hivatalnál van az az építkezés a gödrökkel, szerintem oda bedobhatjuk.

Ekkor megláttuk az első sorban Helgát és Ricsit, ahogy épp makarénáztak.

– Legalább ők megvannak – mondtam. – Velük mi legyen?

– Inkább rángassuk el őket, biztos, ami biztos – válaszolt Gabi.

A csápoló mamik és óvodások között odarohantunk hozzájuk.

– Csá, arcok! – kiabálta nekünk Ricsi.

– Szia, Gabika! – köszönt Helga Gabinak, majd odafordult hozzám. – Hát te meg mit keresel itt? Nem nyomoznod kéne?

– Kackac. Inkább gyerünk a faszba! – mondtam.

– Már megint bekattant valami? – kérdezte Helga.

– Most tényleg gáz van, gyerünk! – mondta Gabi.

– De mindjárt jön a *Reptér,* bazdmeg! – kiabált Ricsi.

Ekkor Gabi elvesztette a türelmét, és a kezénél fogva kirángatta Helgát a színpad szélére. Nem volt jobb ötletem, szóval megragadtam én is Ricsit. Már elég részeg volt, szóval nem volt nehéz dolgom.

– Mi a faszt akartok? – kérdezte a színpad szélén Helga.

– Na, figyi! – kezdtem. – Most Gabival felrohanunk a színpadra, elvesszük onnan a füstgépeket, majd odasprintelünk a hivatal melletti építkezéshez, és beledobjuk őket a gödörbe. Ti addig menjetek előre!

Eközben viszont elkezdődött a következő dal:

„Ez a föld a senki földje, állandó lakója nincs…"[3]

– „Nem köt itt senkit semmi népszokáás!"[4] Gyerünk csápolni, gecik! – ordította Ricsi, és már szaladt is.

– Asszem, őt elvesztettük – jegyezte meg Gabi.

– Mindegy, ha minden jól megy, nem lesz gáz – mondtam.

– Mi ez az egész? – kérdezte már megint Helga.

---

[3] Korda György: Reptér

[4] Korda György: Reptér

– Erre most nincs időnk – feleltem. – Ha nem leszel megint hisztis picsa, akkor odamész ahhoz a kibaszott gödörhöz, és megvársz minket. Na, gyerünk!

Meglendültünk Gabival, Helga csak pislogott, aztán durcás fejjel, de elindult a gödrök felé.

„Távozik és érkezik sok-sokféle ember...”[5]

Amikor elrohantunk az egy szem polgárőr mellett, először fel se fogta, hogy mi történik. Amilyen gyorsan csak tudtam, felkaptam a füstgépet, és már ugrottam is le a színpad széléről. Gyorsan visszanéztem, hogy Gabi nem maradt-e le, de a nyomomban volt két-három polgárőr társaságában. Viszont Gyuri bácsi annyira meglepődött rajtunk, hogy még a mikrofont is kidobta a kezéből. Szerencsére a közönség (leginkább Ricsi) ugyanolyan lelkesedéssel folytatta a dalt:

„Egyre száll a sok-sok gépmadár...”[6]

Asszem itt már gyorsabban sprinteltem, mint amikor Krisztián volt a nyomomban. Hirtelen eszembe jutott, hogy most már belőlem is zombi lesz, ha beindul az a szar. Gabi közben utolért, az utánunk eredő polgárőrök viszont valamiért visszafordultak. Már csak pár méterre voltunk a gödröktől, szóval biztos, ami biztos alapon még a száz torokból egyszerre feltörő reptér szó elhangzása előtt elhajítottuk a gecibe a két füstgépet, és hasra vetettük magunkat.

„Reptér, lobog a szélben a szélzsák...”[7]

Minden egyes idegszálammal a gödröt bámultam, és vártam, hogy a füstfelhő felszálljon. De nem történt semmi. Ekkor hátulról meghallottam Helga hangját:

---

[5] Korda György: Reptér

[6] Korda György: Reptér

[7] Korda György: Reptér

– Itt nagyjából az volt a cél, hogy ne szálljon az emberekre a füst?

– Ja – válaszolta Gabi még mindig hasalva.

– Akkor ez nem igazán jött össze.

Egyszerre tápászkodtunk fel, és fordultunk meg Gabival, majd egyszerre pillantottuk meg, ahogy a videózó drónból kiszálló füst szép egyenletesen beteríti a csápoló közönséget.

10.

„Repülni mindig szeretnék...”[8]

Hát most aztán repülni fognak.

– Ejnye, András, csak nem gondoltad, hogy miután Krisztián beszámol a kis kalandotokról, még mindig ugyanazt a forgatókönyvet fogom használni?

A hang a hivatal felettünk levő teraszáról érkezett: Miki bá állt ott az oldalán Krisztiánnal.

– Mi a fasz ez? – kérdezte Helga. – Mit csinál az a füst?

– Olyanok lesznek tőle, mint Alex a nyársaláson – felelte Gabi.

– Mi van?! Mindenki?

– Ja.

– Elnézést fiatalok, de javaslom, hogy inkább figyeljétek a kibontakozó jelenetet a téren!

Amikor odafordultam, az emberek már nem csápoltak, csak ténferegtek jobbra-balra. Teltek a másodpercek, majd egyszer csak az egyik kilógó hasú, mackónadrágos fazon nekiesett egy néninek. Utána egy kisgyerek kezdte el rángatni a kishúgának a haját, pár pillanat múlva pedig az előbb szivarkázó polgárőr indult meg a színpadra Klári néni felé. Nagyjából fél perc kellett ahhoz, hogy teljesen elszabaduljon a pokol.

– Hát, nem csodálatos? Ezek az emberek legszívesebben hétköznap is ezt tennék, és most végre nem kell, hogy visszafogják magukat! – mondta Miki bá.

---

[8] Korda György & Balázs Klári: Reptér

– Mi a fasz baja van magának? – kérdezte Helga. – Egyáltalán, hogy jutott be a hivatalba?

– A helyetekben inkább azzal a két úriemberrel foglalkoznék – felelte az öreg előre mutatva.

Ahogy visszafordultunk, tényleg szaladt felénk két bezombult városnapozó.

– A búbánatos picsába! – mondtam, majd megfogtam az egyik építkezésre figyelmeztető táblát.

– Ez egy jó ötlet – mondta Gabi, és ő is követte a példámat. – Helga, szerintem állj mögénk!

– A lófaszt! – válaszolta Helga, majd felkapott ő is egy táblát.

– Hát jó – jegyezte meg Gabi. – Az azért fontos, hogy nagyobb baja ne essen a bezombult arcoknak se.

– Bánja is a faszom, hogy kinek lesz baja! – mondtam, azzal meglendítettem a táblát, és tiszta erőből fejen basztam a közeledő atlétás kissrácot.

A másik alak viszont egy kb. száz kilós, nagydarab állat volt: Helga belevágott egyet a hájába, majd Gabi kapta el a csávó oldalát. A fickó meg se rezdült, sőt utána kapott Gabi kezének, és magához rántotta. Nem sokat teketóriáztam, megcéloztam ennek a köcsögnek is a fejét, és jól kupán vágtam. Szerencsére ez nála is bevált.

– Nohát, fiatalok, úgy látom, józanul se vagytok sokkal jobbak az állatoknál.

– Maga csak fogja be a pofáját onnan föntről! – kiabált rá Helga.

– Ejnye. Javaslom, hogy ti is keressetek valami hasonló menedéket, mert egyre jobban kezd szétszéledni a mulató közönség!

Igaza volt, mert még vagy hárman megindultak felénk.

– Na jó, gyerünk be a kisboltba! – mondtam.

– Ricsi ott van valahol a tömegben! – kiáltotta Helga. – Valahogy ki kell hoznunk!

– Ja – adott neki igazat Gabi.

– Miért nem hívjuk inkább fel? – kérdeztem.

– Na vajon miért?! – kérdezett vissza Helga.

Már megint, bazdmeg, már megint futottunk. Fasz se gondolta volna, hogy ennyit bírok rohanni egy nap. A három közeledő alakkal így nem is kellett foglalkozni, mert túl bambák voltak ahhoz, hogy utánunk tudjanak kapni, sőt inkább egymásnak estek fordulás közben.

Ahogy egyre közelebb értünk, próbáltam megkeresni a szememmel Ricsit, de nem láttam sehol.

– Hova a faszba tűnhetett? – kérdeztem.

– Nemtom – válaszolta Gabi.

Hirtelen a színpad alól kiugrott a punkok gyöngye, és elkezdett rohanni felénk, a mozgása viszont nem volt túl határozott.

– Dejjó, ogy bvitt vagyotok! Azittem, ogy bár bvindenki megbv…

Ahogy odaért hozzám, rám esett, és telibe hányt mindent az övemtől lefelé.

– A kurva szádat, bazdmeg, ez a kedvenc nadrágom! – ordítottam rá.

– Inkább szedd a lábad, hercegnő! – mondta Helga, és benyúlt Ricsi hóna alá. Gabi megkapta a másik oldalt, majd megindultak a sarki dohányos felé. Jobb híján megfogtam a táblám, és igyekeztem tisztogatni körülöttük. Végül sikerült bejutnunk a dohányboltba, ahol épp Kinga volt műszakban. Gyorsan bevágtuk magunk után az ajtót, aztán elbarikádoztuk mindennel, amit csak találtunk.

– Hát, nektek meg mi bajotok van? – kérdezte közben Kinga.

– Semmi vész, csak zombiapokalipszis van odakint – mondta Gabi.

11.

– Tessék? – kérdezett vissza Kinga.

Amíg Gabi és Helga előadta Kingának a történteket, igyekeztem kifújni magam. Utána Ricsihez fordultam:

– Azt mondd meg nekem, hogy te mégis miért nem vagy zombi?

– Gondolom, elbújt a füst elől a színpad alatt – mondta Gabi.

– Hatvbő nem gyazán… Ambvikoö lyött a füst, csgaak álltam… – mondta Ricsi.

Egyre kevésbé értettem a mondandójából bármit is.

– Akkor lehet, hogy annyira be volt baszva, hogy a cucc hatását már alig érzi meg. Beállni beállt tőle, de a bezombulás nem hatott rá – találgatott tovább Gabi.

– Na jó, a lényeg, hogy biztonságban vagyunk – szögeztem le. – Arról nem is beszélve, hogy cigink van dögivel.

Oda is sétáltam a piros Marbikhoz, és elkezdtem teletömni velük a zsebemet.

– Héló! – szólt rám Kinga. – Ez még mindig nem egy segélyszervezet!

– Nyugi már, mindenhol zombik vannak. Majd azt mondod, hogy betörtek, és elvitték ezeket – mondtam, miközben folytattam a betárazást.

– Te kajak itt akarsz cigizgetni nyugiban, amíg odakint felfalják egymást az emberek?! – kérdezte Helga.

– Ja – feleltem, majd rágyújtottam.

– Ha ez tényleg biofű, akkor kb. egy óra után már elmúlik a hatása – jegyezte meg Gabi.

– De addig megeszik egymást! – mondta Helga. – Amúgy is, mi lesz Miki bával? Hagyjuk futni?

– Nahát, milyen kurva fontos lett hirtelen! – estem neki. – Eddig mintha nem érdekelt volna, hogy miket csinál az öreg!

– Mert eddig nem változtatta zombivá a fél várost! Hogyha visszamennénk, elkaphatnánk!

– Az kurva élet, hogy én innen ki nem teszem a lábam a következő egy órában – mondtam.

– Én megyek – mondta Helga. – Gabi, Kinga?

– Ööö, gyerünk – mondta Gabi.

– Áhh, én csak töltelék lennék – mondta Kinga. – Inkább hazaszaladok, hátha a főnök is zombi, és nem fogja észrevenni, hogy lógtam.

– Hát jó – mondta Helga, azzal kivett két sörösüveget a hűtőből, hozzábaszta őket az asztalhoz, majd az egyiket odaadta a sűrűn pislogó Gabi bal kezébe, a másikat pedig a sajátjába vette. Nem mondom, hogy nem volt állat, ahogy ezt előadta. A táblát a hóna alá csapta, eltolta a torlaszokat, és résnyire nyitotta az ajtót. Valószínűleg nem látott zombikat a közelben, mert rendesen kitárta az ajtót, és kiment az utcára. Gabi és Kinga egy kis várakozás után követték.

– Remélem, Ricsi pesztrálása és hánytatása azért még menni fog! – kiáltott még vissza Helga.

– Kapd be! – feleltem, és rágyújtottam a következő szál Marbira. – Az ajtót csukjátok be magatok után!

Becsukták. Egy ideig még szívogattam azt a szál cigit, de aztán már nem volt olyan jó az íze. Ricsi elaludt, én meg csak ültem és bambultam.

– Ajj, faszom! – gondolkoztam hangosan. – Ha most ezek ketten valahogy elkapják Miki bát, utána tuti, hogy hónapokig hallgathatom, hogy én csak itt ültem és lógattam a farkamat. Mennyivel jobban nézne már ki a filmadaptáció borítóján az, ha én állnék ott egy fél sörösüveggel meg egy szakadt táblával a kezemben?!

– Bocs, haver, remélem, nem fulladsz bele a hányásodba – mondtam Ricsinek, majd én is hozzábasztam egy sörösüveget az asztalhoz, de azért előbb még ittam belőle pár kortyot. Sőt, egy viszkis üveget is meghúztam, aztán eltettem, hátha ad egy kis lendületet. Sajnáltam, hogy ezt a jelenetet nem látta senki, biztos menőbben csináltam, mint Helga.

12.

Amikor kimentem az utcára, a közelben nem nagyon voltak zombik, de a trafik és a hivatal között akadtak bőven. Húztam egyet a viszkiből, aztán nekieredtem. Igyekeztem nagyjából kikerülni a nyomingereket, de aztán megpillantottam azt a köcsög faszt, aki lenyúlta az összes tazómat harmadikban. Tudtam, hogy kb. ötven perc múlva már teljesen magánál lesz, és nem fog ilyen bénán hörögni, de egyszerűen nem bírtam magammal, és egy istenes lendülettel akkorát basztam a fejére a táblával, hogy dobott egy hátraszaltót.

– Ezt Szájterért kaptad, köcsög!

Annyira felment az adrenalinszintem, hogy amikor odaértem a hivatalhoz, nem szaroztam, egyből a főbejárat felé vettem az irányt. A nyomomban ott volt két-három zombi, úgyhogy meg sem próbálkoztam a kilinccsel, a táblát előretartva, beugrottam az üvegajtón.

– Merre vagy, te önelégült, vén faszkalap?! – ordítottam, miközben szilánkok repkedtek szerteszét. Ahogy a folyosón földet értem, nem tudtam megtartani az egyensúlyomat, és tanyáztam egyet a pofámra. A trafik óta itt álltam meg először, szóval hirtelen kurvára beütött a viszki.

– Ajjaj… mégsem olyan fontos, hogy… húha…

Az egyik sarok mögül előbukkant Miki bá feje.

– Ejnye, András, mit szeretnél itt? Nézd már, hát becsődíted ide ezeket az állatokat, az Isten verjen meg!

Ebben igaza volt, ugyanis visszafordulva láttam, hogy a betört üvegajtón elkezdtek beszállingózni a zombik.

– Nohát, így már nem is olyan cukik, mi?! – kiáltottam neki, majd feltápászkodtam, és kezeimben a táblával meg a törött sörösüveggel elkezdtem közelíteni a feléje.

– Kotnyeles kis pernahajder! Krisztián, kérlek, oldd meg ezt a helyzetet! – mondta Miki bá.

Ekkor előlépett mögüle a kétajtós szekrény.

– De a szívem, főnök! Nem ilyen melóról volt szó! – mondta.

– Szeretnél te is agyak után sóvárogni?!

– Nem, főnök – mondta, azzal megfogta az ott heverő padot, keresztbe fordította a melle előtt, közelebb jött, és előrehajította a picsába. Le tudtam hajolni előle, a zombiknak viszont nem volt ilyen szerencséjük, és elsodorta mindhármójukat.

– Nagyszerű! Most pedig lásd el ennek a kis szarcsimbóknak a baját!

A kopasz állat elkezdett közelíteni. Eléggé kótyagos volt a fejem a viszkitől, és jó ötletnek tűnt, hogy kicsit pörgessem a táblát megfélemlítésül. A trükk nem sikerült túl jól, a tábla a földön landolt.

– Faszom!

Krisztián nekem esett. Próbáltam hadonászni a sörösüveggel a feje előtt, de elkapta a kezem. Valószínűleg több tapasztalata volt már kocsmai verekedésekben. Én csak nézni szerettem őket.

– Hát, fiam, kicsit gyakorolhattál volna, mielőtt iderontasz félrészegen – kommentálta a manőveremet Miki bá.

– Még szerencse, hogy én józan vagyok! – hallatszott az öreg mögül Helga hangja. Amikor odafordultam, láttam, hogy a törött üvegét az öreg torkához szorítja. Krisztián is észrevette a jelenetet, és elengedett.

– Hát, te meg… – kezdte Miki bá.

– Asszem, vagy két sört ittam délelőtt, de azért én is egész jól vagyok. – Ezt már Gabi mondta előlépve a másik sarok mögül.

– Hát, ti meg… – kezdtem most már én.

– Tudod, nem mindenki ront csőstül a dolgok közepébe! – mondta Helga tudálékosan. – Biztos fura, de hátulról kevésbé számítanak az emberre.

– Ha én nem terelem el a figyelmüket, baszhattátok volna a hátsó bejáratot! – kiabáltam.

– Nem igaz, Andris, bazdmeg, nem bírod ki, hogy végre egyszer elkussolj?! – mondta Helga, és elkezdett integetni a kezével, amiben a törött üveget tartotta. – Csak egy szájbatekert köszönömöt kéne mond…

Ebben a pillanatban azonban Miki bá megfogta Helga üveget tartó kezét, és kicsavarta belőle a fegyvert, majd ő szorította azt Helga torkához.

– Hát, ti nagyon aranyos kis pár lennétek, az már egyszer biztos! Most pedig kérlek szépen, hogy is hívnak téged, fiam? – fordult Gabihoz.

Helga elég ideges fejet vágott, de nem tudtam eldönteni, hogy a mi összeillésünkre tett megjegyzés, vagy a lefegyverzés dühítette.

– Gábor vagyok.

– Ez az! Gábor, kérlek, rakd le a földre a fegyvereidet!

– Oké – mondta Gabi, majd ledobta a saját törött üvegét és tábláját.

– Nagyszerű! Hát, micsoda akciójelenet volt ez, nem csodálatos? – kérdezte Miki bá, majd rámutatott egy közeli ajtóra. – Most pedig szépen vonuljatok be ebbe az irodába, ha kérhetem!

13.

Miután mindhárman bementünk abba a lyukba, Krisztián matatott valamivel az ajtó előtt, aztán egy csövet vezetett az irodába.

– Sajnálom, fiatalok, de most elérkeztünk a végjátékhoz – mondta Miki bá. – Szerencsére hoztam magammal egy tartalék füstgépet, ez majd pontot tesz a történetetek végére. Kell egy-két perc, amíg a szerkezet bemelegszik. Addig nyugodtan megbeszélhetitek az ügyes-bajos dolgaitokat egymással, nem is zavarunk tovább. Jó mulatást! – Azzal ránk zárta az ajtót.

Csak a távolodó léptek, és a kinti zajok hallatszottak, a szobában vihar előtti csend volt. Végül én törtem meg:

– Na, most mi legyen?

– Találd ki te, olyan fasza terveid vannak! – fakadt ki Helga. – Jippi-ká-jéj, madafaka…

– Ha jól emlékszem, te integettél azzal a kezeddel, amivel kést kellett volna fognod az öregre!

– Mert idegesítesz, bazdmeg!

– Az érzés kölcsönös! – kiabáltam, aztán inkább Gabihoz fordultam. – Neked nincs valami ötleted?

– Ha lenne nálunk pia, akkor elvileg megúszhatnánk. Legalábbis Ricsinél úgy tűnik, hogy bevált.

– Bazdmeg! – kiáltottam, majd előkaptam a viszkisüveget. – Tudtam, hogy ez még jól jöhet!

Elkerekedett a szemük, aztán egyből nyúltak az üvegért, és jó nagyokat húztak belőle. Én már elég jól voltam, de nem akartam a véletlenre bízni, szóval kortyoltam egyet-egyet. A gép kint elkezdett sisteregni.

– Húha! – mondtam, miközben nekiestem a falnak. – Vajon eléggé berúgtunk?

– Hát, veled nem lesz gond – felelte Helga. – De szerintem velem sem, nem ettem reggel óta.

– Ááá, már jön a füst! – kiabáltam. – Nem akarjuk megfogni egymás kezét, vagy valami?

Én sem hittem el, hogy ez az én számon jött ki, de a többiek nem ellenkeztek. Miután ovi óta először beálltunk egy ilyen kézfogós körbe, vettünk egy jó nagy levegőt, és behunytuk a szemünket.

Nem bírtam túl sokáig, de mivel forgott velem a világ, úgy tippeltem, hogy eléggé be vagyok rúgva az immunitáshoz. Az első szippantások után kis ideig nem történt semmi, de aztán hirtelen kirántották a tudatomat. Teljesen beálltam, viszont nem éreztem ellenállhatatlan vágyat az agyevésre! Annyira megörültem, hogy elkezdtem ugrálni, viszont az egész lassított felvételben történt, és a képkockák nem a rendes sorrendben követték egymást. Ettől hirtelen annyira megijedtem, hogy inkább mégis megálltam egy helyben.

– Túléltük! – kiabáltam.

Ekkor Helga és Gabi nagyjából egyszerre szintén vettek egy jó mély levegőt. Gyakorlatilag egy örökkévalóság telt el, miközben az egész szoba hullámzott körülöttem, de aztán a többiek arca is felderült, és ők is elkezdtek kiabálni.

– Túléltükükükkükk…

Minden összefolyt. Arra emlékszem, hogy Gabi fején olyan vigyor volt, amilyet soha azelőtt vagy azután nem láttam. Helgának is csupa derű volt az arca. Mintha órákig táncoltunk volna körbe-körbe örömünkben, de aztán egyszer csak kinyílt a helyiség ajtaja.

Egy nagyon távoli hang szólalt meg:

– Krisztián! Kérlek, intézd el őket, mert most már elegem van belőlük!

Erre válaszolt egy még távolabbi hang:

– Főnök, nekem ebből a szar melóból van elegem, ugyanis nem így egyeztünk meg. Amúgy is asztmás vagyok, és ez a gázmaszk tuti nem tesz jót neki.

– Miféle botcsinálta gengszter vagy te?! – förmedt rá az előző hang a másikra.

Eddigre viszont még ha lassítva és összekevert képkockákkal is, de megpillantottam az ajtóban Miki bát és Krisztiánt gázmaszkban. Hirtelen bevillant az a néhány *Walker, a texasi kopó* epizód, amit láttam, és a lábam elkezdett magától dolgozni. A pörgő-rúgásom egyenesen Krisztián karjaiba lökte az öreget.

– Te istenverte… – kezdte Miki bá, de ekkor Helga felugrott mellettem a levegőbe, és a lábai közé fogta az öreg fejét, aztán nekivágta az ajtónak.

– Ti meg mi a… – szólalt meg Krisztián, de neki se volt szerencséje. Gabi nekifutásból ugrott, és olyat rúgott a hasába, hogy a szemben lévő falig repült.

Kurvára felpörögtem, és elindult a fejemben a *Power Rangers* zenéje. Kikaptam a három cigisdobozt a zsebemből, kettőt odahajítottam Helgának és Gabinak, a harmadikat pedig két kézzel előretartottam és elordítottam magam:

– *Tirannoszaurusz!*

Valószínűleg a többieknél is pörgött a műsor, mert csatlakoztak:

– *Kardfogú tigris!*

– *Triceratopsz!*

14.

Az átváltozásunk után mindhármunknál elszakadt a film, így másnap tiszta lelkiismerettel mondhattuk a minket faggató rendőröknek, hogy mi is ugyanúgy a drog hatása alatt álltunk, és ezért karatéztuk szét a tévelygő lakosságot kortól és nemtől függetlenül. Mivel amúgy is egy rakás fura szarságról vettek fel jegyzőkönyvet, a kékek hittek nekünk.

– Tulajdonképpen lett valakinek nagyobb baja tegnap? – kérdezte Helga a kihallgatás után a Garázsban.

– Asszem, nem – felelte Gabi. – Azt dumálták a rendőrök, hogy az emberek rágdosták egymást, de mélyebb sebet igazából nem ejtett senki. Lehet, hogy a szabad levegőn nem volt olyan durva a koncentráció.

– Remélem, a város elismeri majd valamilyen módon a hősiességünket – mondtam. – A legtisztább az lenne, ha életünk végéig biztosítanának ingyen sört.

– A helyedben inkább annak örülnék, hogy a táblád ott hevert Miki bá és Krisztián mellett – felelte Helga. – Valószínűleg te okoztad a legnagyobb sérüléseket tegnap.

Ez kétségtelenül igaz volt, de csak fel kellett idéznem a tazótolvaj kisköcsög fejét, hogy egy percig se bánjam a dolgot. Már válaszra nyitottam a számat, amikor megjelent Ricsi egy tálca jéghideg sörrel.

– Hát, srácok, kösz a tegnapit! – mondta.

A hálakör jelentősen javított a hangulaton, de még így is aránylag korán elindultunk hazafelé. Hiába, a zombiapokalipszis fárasztó műfaj.

– Mi lesz az egyezségünkkel? – kérdezte Gabi, amikor már csak ketten maradtunk.

Elég komolyan gondolhatta a dolgot, ha még az előző napi balhé után is ennyire pörgött rajta.

– Legyen! – mondtam. – Kedves leszek és aranyos, te pedig örök időkre a Magnólia dobosa maradsz!

– Király. Ebben a névben tényleg biztos vagy?

– Naná.

– Hát jó – mondta, és lelépett ő is.

Gabi zsaroló hadművelete még mindig rohadtul idegesített, de addigra már kitaláltam a megfelelő ellenlépést. Először kicsit durvának tűnt, de aztán eszembe jutott, hogy...

...

...

...igazából leszarom.

David M. Pearl

Sárga Bajusz legendája

Első fejezet: Korán feküdtem

Már elnézést, de szeretném felhívni arra a figyelmet, hogy ilyet te még nem álmodtál! Esküszöm, ez valami őrjítő volt. Emlékszem, hogy az álmom előtti napon az iskolában szüntelen kézről kézre járt egy kalóztörténet. Annyira beszélgettek róla, hogy még a matekérettségi sem büszkélkedhetett ennyi említéssel. Fenomenális érzés volt, amikor egy könyv legyőzte a modern technikát, pontosabban arra gondolok, ahogy a diákok eldobták a telefonokat, és hagyták, hogy a kütyük fejjel megcsókolják a betont. Okozva ezzel anyukának ugyanekkora koppanást, csak neki onnantól a tárcája kopogott az ürességtől.

Én személy szerint négy éve nem nézek televíziót, mert feleslegesnek tartom az előre elkészített műsorokat. A spontán dolgok embere és lelke vagyok, szerintem pontosan ennek a felfogásnak köszönhetem az álmomat is.

Volt már olyan érzésed, hogy egyik napról a másikra valamivel több lettél? Nem tudod megragadni a lényegét, érted? Nem tudod felfújni, mint egy lufit, és nem bírod megtartani. Mégis azt mondod magadnak, hogy ez nagyon értékes. Tőlem mindig azt kérdezték, hogy hiszek-e a csodákban és az égiek létezésében, üzeneteikben. Nézd, barátom… ezt követve igen. Ezt a képsorozatot útikalauznak felfogva sokkal színesebb embernek képzelem magamat. Írni sem lehetett volna jobbat. Milyen szellemes, ugye?

Szóval… ifjú barátommal, Repetával tartottam haza, amikor eszébe jutott, hogy ő bizony még otthon enni fog egy dupla adag töltött káposztát. Nyugodj meg, az iskolai konyha miatta fogadott fel még egy szakácsot. Legalább annyira törzsvendég volt a pultnál, mint Nagy Feró a Beatrice koncerteken. Csak én jól tudtam lakni az ő morzsáin. Nyugtáztam az ötletét, hiszen azért van az étel, hogy megegyék. Akkor érezte meg, hogy a táskája kicsivel nehezebb a megszokottnál. Egyszerre levette a hátáról, letérdelt mellé az úton, és keresgélni kezdett benne.

– Mi van? Megint elloptad a tanári kar adagját?

– Nem, azt megettem még, mielőtt veled találkoztam volna. Sokkal inkább zavar engem ez a könyv.

Előhúzott egy vaskos, fekete borítású kiadványt. Minimum A4-es lapokból állt, rendkívül nagyméretű volt.

– Hogy került ez hozzád?

– Honnan tudjam? Biztos én következtem a névsorban, és most nekem kell elolvasnom.

Felvontam a szemöldököm, és pár másodperces számolás után kibújt a probléma a fejemből:

– Repeta, a te vezetékneved B-vel kezdődik. – Ha láttatok már valaha fogaskerék olajozást, akkor ez überelte, öcsém! Kavargó gondolatai grimasz formájában ültek ki az arcára, észre sem vette, hogy szemöldöke meg-megrándult közben.

– Ó, ennyire hátul lennék?

– Oké, meg is van akkor az osztályátlag.

Kisegítettem szerencsétlen gyereket, és magamhoz vettem a könyvet. „Egy kalóztörténet" – Ez állt a borítóján. Repeta következő kérdésére akár fel is készülhettem volna:

– Miről szól, Dávid?

– Te figyelj, apám, szerintem pingvinturizmusról.

Megkímélve őt a további nehézségektől, eltettem a könyvet a táskámba, és folytattuk utunkat hazafelé. Az utcámban köszöntünk el egymástól, és utána végre magam mögött tudhattam a napi problémákat. Felmentem a szobámba, és a könyvet az éjjeliszekrényre tettem. *Nehogy azt hidd, hogy a tankönyvekkel egyébként másképp bántam, én sem vagyok nagy eresztés, de Repetával szemben gyárilag két diplomával indulok.* Átöltöztem, és még a vacsora előtt beleolvastam ebbe a hatalmas történetbe. Korántsem gondoltam volna, hogy egyből kétnullás leszek. Mármint nem gázórás, hanem csak a századik oldalon tértem ismét magamhoz. Teljesen beszippantott a történet. Valami miatt megvolt benne az összes olyan kellék és fűszer, ami izgalmassá tesz egy lerágott csont-műfajt. Legalább két és fél órát elvett az életemből. A szülők már megvacsoráztak, és majdnem este nyolc volt. Egy szerencsém volt, hogy pont péntek éjszakára esett eme kaland időpontja. Másnap nem volt iskola, tehát ráértem még egy kicsit olvasni. Ez az utolsó emlékképem a valóságból. Visszafeküdtem az ágyra, és olvastam. Elnehezült a fejem és a szemhéjam, majd ráfejeltem a könyvre.

Második fejezet:
Van jegyed?

Nem tudtam, hogy hol vagyok és arccal merre állok. Az első látvány, ami elém tárult, egy fekete és fához hasonló tákolmány volt, aminek marha keménynek tűnt a felülete. Lassan megpróbáltam felemelni a fejemet, de nem láttam semmit. Avagy pontosítva: egy amolyan félhomályos, gyertyalángos látvány tárult elém, ami leginkább valami régimódi kínzókamrára emlékeztetett. A lábam még nem nagyon akart engedelmeskedni, de a kezeim már kezdték kitapogatni a terepet, és pár centivel arrébb a kézfejem bele is ütközött valami szintén keménybe. Most vagy rákaptam egy csuka fejére, vagy valaminek a nagyon íves részére. Odanéztem, és kiderült, hogy egy csizma orrát taperoltam. Az adrenalin hirtelen áramlani kezdett bennem, és minden erőmet összeszedve a hátamra fordultam. Homályos volt a látásom, de sikerült kivennem, hogy egy meglett férfi áll felettem, és lassan csikorgatja a fogait. *Na, ennyit a nyugalomról, kérlek!*

– Van jegyed?! – hajolt rám, és ordibált a képembe a férfi, akinek alig volt a hétvégi biliárdozáson nyert fogával együtt három a szájában. Olyan büdös volt, hogy egy tenger komplett halállományát ki tudtam érezni belőle, és ráadásként még a szakálla is csomósabb volt az Amazonas esőerdő indáinál. Hangosan ordibálva hirtelen engedékeny lett a testem, és eszeveszetten próbáltam magamat minél távolabb lökdösni tőle a padlón. Persze hogy cammogott utánam, én pedig pár méterrel arrébb beleütköztem valami falba, és mögülem sorra estek a padlóra a rozsdás, törött kardok. Feltápászkodtam, és futásnak eredtem, mert nem mertem a férfi felé indulni, inkább be a sötétségbe, csak tőle minél messzebb.

Nagy lendületemben és vakságomban ismét fejjel tompítottam egy ütést, de most valami labilis dologban sikerült kikötnöm. Eszeveszetten tapogatóztam, és pár másodpercre rá egy kilincsre sikerült ráfognom. Ösztönös módon lehúztam, és berontottam a szobába, ahol már több fény volt, pár földgömb a padlózaton és egy nagy asztal középen. Egy alak ült mögötte, aki felemelte kalapos fejét és tekintetét az asztalra terített pergamenről, majd kezét összefonta és rátette a papírra. Határozottan rám nézett, és kisvártatva megszólalt:

– Maga aztán jó csúnya! – fejezte ki mély tiszteletét felém. *Értem a helyzetet! Itt így kell köszönni, rendben van!*

– Te sem vagy éppen selyemfóka! – Ezzel meg is ismerkedtünk. Ezután nyikorogva, de feltápászkodott az asztaltól, és akkor vettem észre, hogy a jobb lába fából van. *Nehogy elsiesse a randit! Én ráérek itt álldogálni, csak éppen üldöz a halbiológus, most meg szembe jön velem Pinokkió hazug lába. Hozzáteszem akkor most ki a ronda?*

– Nevem Dán István, de szólíthat Dán Pityunak! Hajóskapitány vagyok és tengeri úszóbajnok! – Ez több kérdést is felvetett bennem így lányos zavaromban az ajtónál állva. *Először is, hogy merülésben vagy hosszában versenyez? Másodszor pedig, akkor most én egy hajón vagyok?* Közelebb ért hozzám, és a kezét nyújtotta, vagy az atkákat rajta, már nem tudtam eldönteni.

– Jó napot kívánok! Dávidnak hívnak, iskolás vagyok. – Próbáltam nagy mellénnyel mondani, tudod, mintha értenék valamihez. Összesen eddig két osztályt nézek ki ezekből. Ha már ilyen jóban lettem Pityuval, akkor épp érdeklődni akartam a helyzetemről, mikor benyitott csuka professzor. Jól hátba húzott az ajtóval, de úgy, hogy máris közelebb kerültem Pityukámhoz.

– Van jegyed?! – Ismét elkapott ezzel a szlogenjével, de még mindig nem tudtam, mi az Istent akar ez jelenteni.

– Nyugi van, Belépő! Nyugi van... – szólt közbe Pityu, bár ezzel csak azt érte el, hogy a nyelvtani mércém is teljesen lekonyult. Lassan kihalásztam magamat közülük, és pár lépéssel arrébb megálltam.

– Az úrnak bizonyára van jegye hozzánk – hajolt felém Pityu szélesen mosolyogva. *Okés, haladnak! Ha itt terem még négy ember, lassan kijön egy felső fogsor.*

– Milyen jegyről beszélnek maguk?

– Hát, ami a hátsó zsebében van, Dávid. – Meglepett fejjel nyúltam hátra a farzsebembe, és csodák csodájára tényleg volt benne valami. Előhúztam, és egy aranyozott papírdarab volt az. Valami rá is volt firkálva, de számomra érthetetlen nyelven. Nem túl nagy bátorsággal odanyújtottam Pityunak, aki a jegyessel alaposan szemügyre is vette, majd sűrű hümmögés után felvilágosítottak:

– Tisztelt Dávid – kezdte lóbálni a papírt –, magának elsőrangú belépője van a Sárga Bajusz által irányított Recsegő nevezetű kalózhajóra. – Grátisznak megint kaptam egy színpadias mosolyt, mármint a fogorvosi előadáson. Feljebb már nem is szökhetett volna a szemöldököm, de megpróbáltam nem kiakadni.

– Kérek egy percet! Most akkor én, az-az *mi* egy hajón vagyunk? – Bólogattak. – És Pityu egy kapitány, aki a Recsegőt vezeti? – Ismét csak bólogattak. – És a jegymániás halhentes beceneve Belépő? – Persze erre is csak az előbbit kaptam. Legalább végre volt egy alaprálátásom a dologra. Megtöröltem a homlokomat, és vettem pár mély levegőt. – Ha ez egy hajó, akkor hol a legénység többi tagja?

Kár volt kérdeznem, mert Belépő csak nevetett, és a nagy, vaskos, mocskos kezével elkapta a vállamat, és ráncigálni kezdett.

Harmadik fejezet:
A többiek

Kivételesen szerencse, hogy lökdöstek és rángattak a megfelelő irányba. Sötétebbnél sötétebb részeken kellett átvágnom, és tuti, hogy eltévedtem volna egymagam. Egy felfelé vezető lépcsőt vettem észre, aminek fokait halvány fehér fény világította be. Kérdés merült fel bennem, miszerint meghaltam a mögöttem lihegő halas szájszagától, vagy a fedélzet lesz a következő megállóm? Hála égnek az utóbbi lett.

Felértünk a felszínre, a szememet elvakította a napfény, és a fülemet megütötte a legénység morajlása.

A következő eseményt akkor még nem értettem. Bizonyára Dán Pityu üdvözlésére szolgált, de egy szakadt kabátos, kalapos hapsi akkorát üvöltött és zakózott pontosan mellénk, hogy hamar elfelejtettem Belépő halszagát, és szinte ráugrottam.

A deszkapadló majdnem betört alatta, és mozdulatlanul feküdt, feje körül fatöredék hevert szerteszét, és az egyik lábáról hiányzott a csizma.

– Á, jó napot, Jelző úr! – szólalt meg a kapitány.

„– *Bocsánat!*

– *Igen, mi az?*” – kérdeztem elmémtől, mivel azt hittem, hogy ez a faszi halott! Korántsem! Feltápászkodott, leporolta magát, és viszontüdvözölte:

– Bemutatom a legénység különleges vendégét, Dávid uraságot. Aranyjegyes, kérem szépen! – Ebben a mondatban benne volt minden brit előkelőség, ne nevezzük egoizmusnak.

– Hát, jó napot! – szólaltam meg, úgy-ahogy átlagosan. – Minden rendben magával?

– Velem? – szólalt meg Jelző kicsit érdes hangon. – Megszokás, kérem. Tudja elkártyáztam a jelzőharangot két éve, azóta én vettem át a helyét. – Meglepő és megértő fejmozgással bólogattam, szegény emberrel muszáj együttéreznem, különben rájön, hogy hülye.

– A jobb hangzás érdekében az árbockosárból szoktam ugrani.

– Értem, mindent értek. Akkor további jó jelzést kívánok! – Azzal Jelző elkezdett visszamászni az árbocra, mintha mi sem történt volna.

Üvöltése azonban nem volt hiába, megjegyzem ennek külön örültem. *Már most sajnálom az ember elmeállapotát.* A legénység többi tagja azonnal sorba állt. *Hogy milyenbe, azt viszont ne kérdezd, de tuti, hogy nem magasság szerint.*

– Ő itt a mi kihallgatónk, Kecske! – kezdte el bemutatni az embereket Pityu, ahogy végigsétáltunk előttük. – Azért ez a neve, mert ha harcra kerül a sor, megijed, elesik, és mozdulatlan állapotban kihallgatja a harc közbeni párbeszédeket, majd jelentést tesz róla. – Büszkén meg is veregette a vállát a férfinak. *Itt komoly bajok vannak, azt már nyugtáztam magamban.* Ezek ellen is maximum egy állókép indulhatna harcba úgy, hogy nekik is esélyük legyen, mert annyira ügyetlenek. Olyan hetven és a koporsó között lehetett az ember kora, egy sötét hajszála sem volt, és a szájából egy hatalmas pipa lógott ki. Biztos a hiteles megjelenés érdekében folyamodott ehhez. Elvégre ki lenne olyan szívtelen, hogy leszúrjon egy pöfékelő öreget?

– A következő illető neve Zsanér! Remek szakember, mert ha bármihez hozzányúl, az azonnal megjavul! – Ösztönösen hátranéztem a kapitányi kabinra. Mondanom sem kell, hogy a duplaajtó egyik fele rég kitört, a másik pedig szerintem egy csavaron lógott. *Végül is igaz a jelentés róla: marhára meg lett javítva. Ezt hívom én technikai kiütésnek.* Visszanézve a férfira, kissé napbarnított bőre, magas, cingár alakja és legalább ötös szemüvege volt. Remélem, csak távolra látásban rossz.

Továbbmenve egy hölgyet pillantottam meg. *Istenem csak legyen meg az összes foga, könyörgöm!*

– E szerény hölgyemény neve Kékfény. Bárkit képes a bájával levenni a lábáról, és befolyásolni őket, hogy egy másik orcájukat mutassák. – Ezt a nevet megjegyeztem magamnak. *Gyönyörű kék szemei voltak, és pont az a szexisen magas és homokóra alak: tudjátok, miről beszélek.* Bemutatása után még mosollyal is illetett. *Istenemre mondom, én megtérek most azonnal! Minden foga megvolt és hófehéren ragyogtak!* Az arca is olyan kellemes, simogatnivaló, egyszóval minden férfi álma. Remegő, csillogó szemekkel nyújtottam neki a kezemet, szerintem még dadogtam is, de nem biztos.

– Üdv, Dávid, Kékfény vagyok. – *Na, most igen! Ha jártatok már úgy, ahogy én, akkor megtapsollak titeket.* Nem elég, hogy a szerszámom lankadt, de a farpofáim is spontán összeszorultak. Férfi hangja volt, de olyan férfi hangja, hogy az operaházban felléphetne basszusként! *Tényleg csak a külsejével lehet képes bármire, de engem nem fog elcsábítani. Én át nem állok az ő táborába, az biztos.* Viszont a *Kékfény* adásba is benne lennék utána, úgy érzem. Természetesen a világért sem akartam megsérteni a tisztelt hölgyet. Végig tartottam azt a pár másodperes kézfogást, de hamar áttértem a következő személyre.

– A legénység következő tagjának a neve Acélideg! Őt szoktuk beküldeni tárgyalni, ha diplomáciai vitára kerül a sor. Majd ameddig ő beszél, mi hátulról odalopózunk az ellenséghez, és levágjuk őket. – *Érdekes koncepció, kérem szépen. Ugyanakkor végre fel merek fedezni némi taktikai képességet és intelligenciát az emberekben. Biztosan nehéz lehet egy ilyen feszült helyzetben nyugodtnak maradnia Acélidegnek.*

– Tisz-tisz-tisztelem, Dávid. Örö-öröm megis-ismerni téged. – Azonnal leesett a tantusz, hogy nem neki vannak acélból az idegei, hanem a tárgyaló feleiknek ahhoz, hogy végighallgassák, és így ténylegesen marad ideje a többieknek belopózni bárhová. Kétségek merültek fel bennem az előző gondolatom nyomán, hogy egészen ravasz egy társaság ez, de be kell vallanom, még mindig menőnek tűnt az ötlet. A ruházatát nézve tipikus kalózmegjelenés, semmi feltűnés, csak az acélidegek.

Ahogy továbbmentünk, a többi embert valahogy furcsának találtam. Mindenki ugyanolyan fehér ruhát és fekete nadrágot viselt. Első benyomásom az volt, hogy szökött Kung-fu tanoncok lehetnek, de ennél is lükébb magyarázatot kaptam:

– Ők a torpedósaink! Segítségükkel és tökéletes harci tapasztalataikkal simán megnyerjük a csatákat. – Frankón elkezdtem keresni a torpedókat és a vetőcsöveket hozzájuk! Mindenfelé néztem, de sehol nem láttam ilyen fegyvereket, csak a sima ágyúkat találtam meg a tekintetemmel. Pityu látta rajtam, hogy úgy pislogok, mint egy elveszett pára, kisegített hát, és a fedélzeten felállított asztalokra mutatott. – Látod, Dávid, azokon az asztalokon szoktak torpedózni. Ahogy ők játszanak, az páratlan és példamutató. Az ő taktikájukkal tudjuk, hogy hova kell lőnünk, és mikor süllyed el a másik hajó!

Szeretnék leülni egy kicsit – gondoltam. – *Nem kérek sokat, csak öt percet magammal.* – Mély és lassú fejforgatás után kénytelen voltam megszólalni, amolyan utolsó mentsvár gyanánt:

– Az ágyúk működnek legalább?

– Persze! Kivétel nélkül mindegyik – válaszolt Pityu.

– Létezik még Isten! – Két tenyerem összecsapva mutattam az ég felé.

– De golyó nincs hozzájuk, mert elkártyáztam őket.

Kigúvadt szemekkel ültem le az egyik torpedós asztal székére, és kerestem a kiutat az életemből. De tényleg.

Tíz perc múlva odajött hozzám Dán Pityu, vállamra tette a kezét, és megszólított:

– Mi legyen, Dávid? Mit csináljunk?

Kapitány létére engem kérdez, egyre jobbak az esélyeink, úgy érzem.

– Én tudjam? Mi ez itt? Mik vagytok ti? Mi az Istent csináljak veletek? Mire vagytok jók egyáltalán?

Kiakadásomra Pityu csak annyit csinált, hogy megütögette a kabátját. Egyáltalán nem értettem, mit akart ezzel jelezni, de nem is érdekelt. Felálltam, és a hajókorláthoz mentem, sértődötten rátámaszkodtam a falécre, és csak kémleltem a tengert. *Marha szép élet, mondhatom.*

A kapitány utánam jött természetesen. Ismét feltette a kérdéseit, és választhattam, hogy kiütöm vagy megfontolom a szavait.

– Ki akartok hajózni, Pityu?

– Persze, mint régen is, Dávid!

– Régen? Miről beszélsz? – Csak álltam vele szemben, és vártam a választ, de a brit türelmen és tekinteten kívül nem kaptam semmit. Tényleg azt éreztem, hogy most már beleugrok a vízbe, ám helyette megint belenéztem a tengerbe. Hosszú másodpercekig csak bámultam a tükörképem, és ösztönösen kiugrott belőlem: – Akkor ki fogunk hajózni, Pityukám!

Tágra nyílt szemeket és értetlen ábrázatokat kaptam viszonzásul. Megfordultam, és a legénységre néztem, akik a maguk hülye módján tették a dolgukat. – Mikor voltatok úton utoljára? – kérdeztem vakon Pityut.

– Hát, mikor utoljára forgattak minket.

– Mi van, már színész is vagy?

– Hagyjuk! Úgy fél éve már.

Tehát fél éve, rendben, akkor össze kell szedni itt mindenkit és mindent. Most már tudom, miért kapta a hajó a Recsegő nevet, mert minden lépte a legénységnek kopogással, kattogással, pattogással járt. Jó régi bárka lehet ez, haverom!

Szóval visszatérve a lényegre: a hajó két magas hegy között horgonyzott. Rejtve volt a közvetlen veszélytől, de konkrétan a semmi közepén voltunk. Odafordultam a kapitányhoz, és megérdeklődtem, hogy melyik itt a legközelebbi sziget. Miután magában kiszámította, és elárulta, kiderült, hogy legalább egy óra hajóút. *Hát, nézd, nem lehetetlen, ha azt vesszük... csak vízipókon kívül ne támadjon meg minket senki!* Kérdezhettem volna, hogy addig mit ettek, de volt egy olyan érzésem, hogy itt nincs gyorsétterem és mobilbüfé, szóval van saját szakácsuk. *A gyomrom már most forog, te jó ég!*

– Pityu! Jelentsd be, hogy indulunk a legközelebbi szigetre! – A kapitány fütyült, majd Jelző visítva meg is érkezett arccal a deszkákba. *Lassan úgyis megszokom.*

– Uraim…

– Khm – szóltam közbe illedelmesen.

– Ja igen, és drága hölgyem! Kihajózunk a szigetre, megjavítjuk a bárkát, és nekilódulunk a veszélyekkel teli tengernek ismét!

Hatalmas üvöltések és taps fogadta eme monológot.

– Horgonyt fel! Vitorlát feszíts, és forgasd a kormánykereket!

Mint a dolgos kisegerek, úgy sprintelt mindenki a helyére. Bár Kékfénynek a vitorláknál gondja akadt: hiányoztak az elővitorlák. Megkérdeztem ugyan a hiányosság okát, de mint azt gondolhatjátok is: ő szintén szeretett kártyázni. Egyre inkább úgy éreztem, hogy ezeket az embereket csak én látom, senki más.

Kis késéssel, de így is irányítható ez a lehasznált, *brigg* típusú kalózhajó. Beletelt legalább húsz percbe, amíg útrakészek tudtunk lenni, és ritka rossz irányítással, de fél év után a Recsegő ismét útra kelt. A kezdeti kellemetlenségeket mindenkivel feledtette a hajózáskor megszokott üvöltözés és éneklés, én meg kerestem gyorsan egy füldugót.

Negyedik fejezet: Tortuga

Én tényleg őszintén mondom, nagyon meg voltam elégedve az önbizalmukkal. Teljes mértékben kiélvezték az igazi kalózok által kitalált szituációkat, amik egy sikeres hajózáshoz kellenek. Éppenséggel lőni nem tudtunk a hajóval, de ez mellékesnek tűnt, és a részvétel volt a fontos, ahogy láttam. Ez a ragyogó együttérzés azonban elapadt, ahogy beértünk az öbölbe, és a kikötött hajók látványa a szemünk elé tárult. Kecske barátunk művészi tudásával teljesen hamisan játszott a harmonikán, viszont ahogy meglátta a többszintes, díszített testű, háromárbocos kalóz csatahajót, máris bevetette magát: Eldobta a hangszert, vett egy mély levegőt, és már hanyatt is vágta magát kihallgatásra. Bevallom, nekem is össze kellett szednem az államat. Ilyeneket eddig csak filmekben, illetve darabokban láttam a különböző kiállításokon. Nem tudom, kié ez a vadállat hajó, de az biztos, hogy elég lenne a fél ágyúsort elsütniük, és a tengerbiológusok sem tudnának minket összerakni. Ahogy elhaladtunk mellette, bár a „majdnem alatta" sem lenne helytelen kifejezés… Több hajót is észrevettünk. Mindegyik egyedi volt a maga módján, akadt díszesebbnél díszesebb, fekete vitorlától kezdve a spanyol haderőktől zsákmányolt szolgálati címeresig minden változat. A tenger itt nem vidám kékségét mutatta, hanem ontotta magából a félelmet, gyalázatot és ereimből lassan, megfontoltan szipolyozta ki a bátorságomat. Miért lett hirtelen olyan érzésem, hogy itt csak mi vagyunk hülyék és defektesek?

– Kecske, felkelni! Nem vagyunk veszélyben. – Dán Pityu lépett a fedélzet korlátjához, és szemügyre vette a környezetet. A férfi feltápászkodott, leporolta magát, és több fejforgatás után tekintete egy félredőlt táblán állapodott meg. Minden elméjében lapuló okosságát felhasználva hunyorított rá, festeni nem lehetett volna analfabétább csendéletet.

– Bortúra – szólalt meg hirtelen. – BORTÚRA! – Örömtől kalimpálva és a pia szagától előre megrészegülve felkapta a harmonikát, és tépkedve játszani kezdett rajta. Már épp melegedtek volna be a többiek is, mikor közelebb ért a hajó a táblához, és a biztonság kedvéért én is elolvastam, de nem kellett volna:

– Az nem Bortúra, Kecske, hanem Tortuga.

A hamis játék megint abbamaradt, de most előjáték nélkül vágta magát a padlóra. Mire hátrafordultam, csak Kecskét láttam kiterülve, a többiek már a leszakadt kapitányi kabin ajtaja mögül lestek kifelé, de azaz egy zsanér is úgy remegett a kezük alatt, mintha habverőversenyre készülne. Pityu maradt csupán mellettem, de az angol magabiztosság most is megmaradt benne.

– Nos, barátom? Mi legyen Kecskével?

– Hagyd ott, jól csinálja. Kivételesen. – Vettem egy mély levegőt és lassan kifújtam. Ez elég időt adott gondolkodni a következő mondatomon. – Ismét igazi kalózok akartatok lenni. Parancsolj, megkaptátok! – Ahogy a Recsegő tovaúszott a táblától, már bántani kezdte a fülemet a lövések, hangos káromkodások és a kegyetlenség iszonyatos zaja. *Bevallom, be vagyok rezelve.*

Ötödik fejezet: Utánpótlás

A Recsegő kikötött a legközelebbi stégnél, Pityu bevállalta, hogy figyeli a fedélzetet, és a kinti torpedósokat felkészíti a hajó védelmére. A többiekkel a kabinban terveztük az alapanyagok és a felszerelések megszerzését. Én álltam az asztalnál, de gyönyörű látvány volt, ahogy mindenki más próbálja magát befészkelni elém. Ekkora reménységet még nem nyújtott egy sima asztal.

– Oké, tehát az első feladatunk a hajó rendberakása. Lassan már ementáli sajtra emlékeztet.

– A lyukak betömésével nem lesz probléma, Dávid! – jelentkezett önként a feladatra... nos, hát igen, tudjuk, hogy Kékfény.

– Mindjárt sejtettem, de én maradok a faanyagnál, már megbocsáss. – Szegénykém szomorú arcát sosem fogom feledni.

– Egyéb ötlet esetleg?

– Vegy-vegy-vegyünk akkor! – emelte fel karját Acélideg.

– Sokszor kell venni Acél! Háromszoros lett az ár! – gúnyolódott Jelző, és ezen mind felnevettek. *Szegény Acélideg, pedig tényleg igyekszik hasznossá válni.*

– Nyugi, főnök! Nem kell fa, megszerelem én – szólalt meg Zsanér.

– Tudod, a babaházak azért voltak jók, mert be lehetett látni rajtuk – szóltam bele minél hamarabb. –

Na, most a hajónak azonban nem tesz jót, ha mindenki belelát. Még a víz is befolyik olyankor, képzeld.

Remélem, ezzel le is állítottam a vágyakozó agyát és cselekvőképességét eme feladatról. Nem akarok nyolcvan darab ajtót meglátni a hajótesten.

– Nekem lenne egy ötletem – szólalt meg Jelző. *Most képzeljetek el egy maroknyi emberből álló, összesen harmincas IQ-val rendelkező bandát, amint fejüket egyszerre fordítják egy irányba.* Annyira tátva maradt a szájuk közben, hogy szerintem három légy bele is költözött mindegyikbe. – Jelezzük nekik, hogy elvisszük a fát, hátha engedik! – *Most az legyen a fejetekben, hogy ugyanez a brigád lassan elfordítja a fejét, és komoly, óceánhoz hasonló mélységű gondolkodásba kezdenek. Persze, egyből kendőkkel fognak integetni nekünk a Karib-tenger legveszélyesebb kalózai. Nem akarok itt lenni, el akarok innen menni!*

– Miért, mit csinálsz, barom? Üvöltve leugrasz Tortuga legnagyobb tornyából? – lépett be Dán Pityu a kabinjába, és teremtette le Jelzőt. Összecsapta a kezeit, és megtörölgette.

– El fogjuk lopni, barátaim. Mindent elfogunk lopni, amire szükségünk van. – *Na végre egy normális, kalózhoz méltó mondat!* A többiek sajnos nem osztották ezt az ötletet. Azonnal összedugták a fejüket, és halk tanácskozásba kezdtek. *A sötétség már készült teljesen lefedni a szigetet, pont jók is lennénk egy lopássorozathoz.*

– Főnök, lenne egy kérdésünk – húzta fel a fejét Kecske. – A világért sem tudtunk rájönni eddig, és úgy véljük, maga tud segíteni.

– Mit nem értetek, srácok?

– Hogyan kell lopni? – Öt másodperc alatt végignéztem a társaságon, és nem láttam egyebet a mindent megváltó válaszra váráson kívül. *Tényleg most száll le nekik odafentről a Messiás?* Tenyeremet homlokomra csaptam, és csak dörgöltem vele. *Muszáj megnyugodnom, ezek is emberek, nyugi!*

– Megfogod, és úgy hozod el, hogy azt más nem látja. – Most a megvilágosodást láttam rajtuk, megnyíltak a fénynek, mint Buddha.

– Ha, ne adj' Isten, észreveszik, akkor nem teszel fel kérdést....

– Van jegyed?!

– Nem! Nem teszel fel nekik kérdést, hanem megölöd őket, vagy elmenekülsz a cuccal. Világos?

– Persze, megoldjuk – nyugtázta a legrosszabb szakember, Zsanér. *Most már tuti, hogy elrontunk mindent.*

***

A szárazföldön kerestünk hát lehetőséget a tervünk megvalósítására. Igaz, így utólag belegondolva nem volt reális döntés Kékfényt a ruhaboltban hagyni. Még nem loptunk ugyan semmit, de több cucca volt a csajnak, mintha már visszafelé jönnénk. Persze Zsanérnak sem kellett volna engedni, hogy a kovácsműhelyben ő legyen az információszerző. Nem tudott meg sok dolgot, ha kérdezett egyáltalán bármit is, de egy zsák szöggel jött vissza a hajóra. Gondolta, hasznát veszi még, ha meg kell szerelni az ajtókat.

Jelző meg eltűnt legalább negyven percre, majd kalapját fogva loholt utánunk, és lihegve ért utol. Hiába érdeklődtem az ok és okozat felől, csak annyit kaptam válaszul, hogy vett magának egy új matracot, ha baj lenne. Hála az égnek kiértünk a kikötői vásárból, és megpróbáltam egy jelentést összerakatni velük. Kékfény nem látszott ki a cuccai közül, Zsanér hajtogatta a kardját, és a többiek is eléggé jól bevásároltak.

– Belépő, mit keres nálad az a selyempapír?

– Végre van jegyem! – szólalt meg nagy büszkén.

– Te kéred el mindenkitől és neked nem is volt?!

Csak a fejét rázta. *Most ezzel tudnék kit és mit jellemezni, de természetesen ez Tortuga, szóval akár haladhatunk is tovább.*

– Én, szerény engedelmeddel, megajándékoztam magamat egy új csizmával. Akciós volt. – Dán Pityu angolos eleganciával mutatta a még ép lábát.

– Álljunk meg! Csak egy darab csizmát vettél.

– Persze, kérlek, ezért volt akciós, felemás tendencia. – Nyelnem kellett kettőt, hogy visszatérjen a józan eszem.

– Figyelj, Pityu, nézd már meg, hogy ott vagyok-e a szikla tetején.

– Rendben. – Felnézett, én meg lenéztem és imádkoztam, de most inkább az ördöghöz, az talán gyorsabban hat. *Rendben, tehát akkor van nálunk egy csomó minden, ugyanakkor nincs is nálunk semmi.* Kénytelen voltam visszaengedni őket a hajóra lepakolni. Ott maradtam Belépővel a földút közepén. Ő csak azért maradt velem, mert neki minden vágya egy saját jegy volt, nem is vett magának mást. Már épp belekezdtem volna egy párbeszédbe, mikor egy lovas karavánt vettem észre. Belépővel együtt elbújtunk egy viskó mögé, és mögüle vettem szemügyre a dolgokat. Egy szekerekből és lovas katonákból álló oszlop araszolt felfelé a nagyvárosba, legalább húsz fő védte azt a portékát, amire nekünk lett volna a legnagyobb szükségünk. Volt rajta vitorla, faanyag, pénzzel teli láda és élelem is. *Muszáj lesz szembeszállnunk velük, ha hamar el akarunk innen húzni.*

– Belépő! – fordultam hozzá. – Te itt maradsz, és megvárod a többieket. Mondd nekik, hogy előrementem egy karavánt megfigyelni! Gyertek utánam az útmentén!

Hála az égnek sűrűn bólogatott, tehát megértette. Ott kellett hagynom, és a karaván után lopakodtam. Tartanom kellett a távolságot, és nem mehettem nagyon a sűrűjébe, mert simán meghallottak volna a növényzet miatt. Lassan tíz perce követtem őket, kezdtem már fáradni a görnyedt mozgás és a derékfájdalmam miatt. A harmadik szekér kereke egyszerre hatalmas reccsenéssel kitört a helyéről és kis híján oldalra is borult miatta a kocsi. *Nagyon jó! Ez eltart legalább fél óráig. Addig csak utolér a piszkos hatos, vagy tudom is én, mennyien vannak.* Behúzódtam egy vastag fa mögé, és magam elé pakoltam pár nagyobb levelet, nem vittem nagyon túlzásba, nem én vagyok az új bevetési egység, az biztos.

Úgy a huszadik percben lehettek a szereléssel, már tették fel az új kereket, amikor nyomást éreztem a lapockámban. *Vagy Kékfény örül nekem nagyon, vagy nagy baj van.*

Valamit mormogott, és a puskája csöve állt bele a vállamba.

Oké, a második tippem vált be, ezek elkaptak engem! Gondolhattam volna az őrszemek járőrözésére is. Feltápászkodtam, de már kaptam is az ösztökélő ütést a puskával. Majdnem előre estem, de feltettem a kezem, és ballagtam a katonák felé. Sokan tartották rám a fegyverüket, és a vezetőjük előttem szállt le a lováról. Sárgás-pirosas, néhol fekete kontúrok díszítették a ruháját, magas, fekete hajú volt, és virított róla a félelemkeltési szándék. Spanyolok. *Marhára nem tudok spanyolul, szóval ez vicces lesz!* Közelebb jött hozzám, és már bele is kezdett a szónoklatába. Én hiába válaszoltam a saját anyanyelvemen, szerintem azt se tudta, hogy én hová valósi vagyok úgy általánosságban. Másodjára is megpróbálkozott a kommunikációval, de még mindig nem értettem egy szavát sem.

– Ember! Nem értem, mit mondasz! – Nem is kellett több, már kaptam is a puskával a következőt, és egyre jobban szaggatott a hátam a fájdalomtól.

– De én értem… amit te mondasz, barátom – szólalt meg a vezér előttem. Én a meglepettségtől felemeltem a fejemet, és tágra nyitottam a szemem.

– Így van, értem minden szavadat. – Intett a katonának mögöttem, aki a lapockámba vágott egyet a puskatussal. Összeestem tőle, de szerintem az volt az eredeti terv, hogy szimplán leüljek.

– Tényleg azt hitted, hogy a nagykönyv csak neked engedelmeskedik?

– Milyen könyvről beszélsz te? – néztem rá értetlen és fájdalmas tekintettel.

– Hát, amit olvasol, drága barátom, amin éppen nyálad csorgatva alszol az ágyadban.

Abban a pillanatban megfagyott bennem a vér. Szememmel a földet pásztázva kerestem a megfelelő szavakat, válaszokat. Miközben kapkodtam a levegőt, kipattant elmémből az igazság egy szikrája és néhány gondolatfoszlány: A kötet, amit nekem adtak hazafelé jövet, az osztálytársak és maga az iskola, ahol körbement a könyv, és mindenki elolvasta, vagy legalábbis beleolvasott. Akkor ezek szerint én most álmodom, és ha ez egy másik világ, akkor én…

Nem tudtam befejezni a gondolatmenetet, mert hirtelen ráléptek a vállamra, és a földre tepertek. A katonák vezetője fölém hajolt, és vigyorogva a szemembe nézve, így szólt:

– Igen, barátom! Ez egy másik világ, ami tanul és tanít. Abban is igazad van, hogyha itt meghalsz, ott is meghalsz.

Úgy elsápadtam, mint akit hányinger gyötör, amikor a katona az arcomba nyomta a fegyvert, a kapitány pedig nevetve távozott. Fél szememet már becsuktam, mikor eldördült egy lövés, és a fegyvert tartó katona mellém zuhant.

Hatodik fejezet:
Az igazság

– Dávid! Kapd el! – Egy szablya repült felém a sötétben. Nem volt időm nagyon felfogni a helyzetet, csak felugrottam a földről, és elkaptam a markolatát. A legénység tagjai ugrottak át a bokrokon, és teli torokból üvöltve rohanták meg a túlerőben lévő katonákat. Kékfény félúton megállt, és célzott lövéssel lyukasztott át egy katonát. Előrehajította az egylövetűt, majd másikat rántott elő a derekáról, és ismét tüzelt. Kecske ismét bevetette speciális tudását, és még a bokor előtt összeesett.

Belépő a maga termetéhez méltó fegyvert választott, szerintem sose tudnám megmozdítani azt a baltát, amivel ő simán hadonászott.

Egy katona kivont karddal nekem rontott, alig tudtam hárítani, de a lendülete kimozdított az egyensúlyomból, és ez pont elég volt arra, hogy gyomron rúgjon. Felordítva estem a földre, de már forogtam is tovább, mert a penge alig pár centivel mellettem állt bele a földbe.

– Ember! Harcolj már! – hallottam meg Pityu hangját, ahogy felém üvöltözik.

– De nem tudok! Nem értek hozzá! – Ismét arrébb kellett vetődnöm a földön a kard elől.

– Dávid, ez egy mese! Itt mindent szabad! – Ekkor robbant bele az agyamba az ötlet: Ha ez tényleg egy mese, egy álom, akkor csak arra kell gondolnom, hogy tudok vívni. Élek vagy halok, de ezt most kipróbálom! Mantrázni kezdtem magamban a mondatot, hogy „Vívómester vagyok!", és vártam a következő csapást. Ösztönösen összecsaptam a szablyám pengéjét a katona kardjával, félresodortam, ágyékon rúgtam a pasit, és felálltam a földről. Gyors és mély lélegzetekkel csodálkoztam magamon, ezek szerint sikerült! Hátba akart támadni egy újabb katona. Lépteit meghallva balra ugrottam, megfordultam, elkaptam a karját, és egy vágással mind a két lábán felhasítottam a bőrt.

– Mondtam, hogy mindent szabad, ugye? – ordított megint Pityu, ahogy aprította a katonákat.

– Ez marha jó érzés! – feleltem majd' kicsattanva az adrenalintól.

– Üdv a világunkban, pöcsös! – ordított bele a beszélgetésbe Jelző, akinek ez egyébként is nagyon jól megy.

Az éjszaka, a meglepetés és a zűrzavar ereje: minden nekünk dolgozott. Ezek a srácok akkor érzik a legjobban magukat, ha a halál arcába nevethetnek. Most már tudom, mire értik az okosok a „háború romantikáját", mert valóban fenomenális érzés jónak és egyre jobbnak lenni. Ezek a katonák a kontrollhoz vannak hozzászokva, ami itt most egyáltalán nincs jelen. A vezért nem látom már egy ideje, a katonák gyorsan fogynak és a szekereket is otthagyták a lovakkal együtt.

Egyszerre hatalmas, földrengető érzés szakította félbe a kaszabolást. A dobhártyám majdnem beszakadt, és nem sok kellett, hogy a rengés kihúzza alólam a talajt. A hang irányába fordultam, és a látványtól ismét lefagytam, arcomra kiült a félelem és a rettegés. A spanyol hajók, úgy látszik, értesültek a csatáról, és a kikötőből sortüzet irányítottak az övezetünkre. Nem érdekelve a saját embereiket legalább húsz ágyúból tüzeltek egyszerre.

– Pityu, mit szólnál ahhoz, ha futnánk?

– Kérlek szépen, ez fenomenális ötlet. – Igen, itt következett az angolos, három másodperces hatásszünet.

– Futás!

Mi és a katonák is elkezdtünk rohanni a kikötő felé, avagy bárhová, csak a zónából kifelé. Tudtuk, hogy pár másodperc múlva semmi sem marad ebből, csak egy kráter. Pityu azonban másfelé terelte az embereit, köztük engem is. Befutottunk az erdőbe, és már éreztük-hallottuk az első ágyúgolyók becsapódását.

Sosem futottam még ilyen gyorsan, ahogy most, szerintem még levegőt is elfelejtettem venni. Kis híján le is estem a szirtről, ahová kilyukadtunk, alattunk ott tombolt a viharos tenger.

– Nem! Felejtsd el, nem! – kiáltottam Pityunak. Tudtam, mire készül, így előre tagadtam a dolgot, miszerint részt akarnék venni az őrült a tervében.

– Vagy ez, vagy lapáttal se tudnak összeszedni!

– Megőrültél? Legalább harminc méter magas!

– Az még belefér! – Pityu megemelte a kalapját, és leugrott a mélybe, bele a sötét tengerbe. Kékfény teleszívta levegővel a tüdejét, és követte. Mint ahogy a többiek is. Valaki meg sem állt, csak ugrott ösztönösen a kapitánya után. Én meg, bevallom, majdnem összecsináltam magamat, de az ágyúgolyó-zivatar már a nyomomban volt. Belépő ért oda hozzánk legutolsónak, de az arcáról leolvastam, hogy vigyorogni készül.

– Meg ne próbáld! Belépő! BELÉPŐ! – Vállal belém jött, és vele együtt zuhantam a mélységbe.

– Meg vagy őrülve!

– Van jegyed!

Hetedik fejezet: Kapitány

Levegőért imádkozva, sűrű kalimpálással értem fel a víz felszínére. Hatalmasat slukkoltam a friss levegőből, és éreztem, ahogy megkönnyebbül a tüdőm. Elkezdtem a hajók és a kikötő felé úszni, mert már messziről hallottam a csata hevét és a spanyol hajók egymás után lőtték a további sorozatokat.

Mikor odaértem a parthoz, és kimásztam, a lábaimban nem éreztem erőt, és összeestem a fekete homokon, amit az éjszaka fénye festett be. Mély levegőket véve fordultam a hátamra, és próbáltam minél előbb új erőre kapni.

Alig két perc múlva Pityu arcát láttam meg az enyém fölött.

– Kipihented magad, Dávid? Tudod, hát a helyzet az, hogy háború van. – Az eget kémleltem, és a kapitány feje felett szállingóztak az ágyúgolyók, ő mégis halálosan nyugodt arcot vágott. *Emellett szerintem bombát is robbanthatnának, ugyanolyan nyugodt maradna* – konstatáltam magamban. Kezemet nyújtottam neki és felhúzott a homokról. Ahogy körbenéztem a hajók között, máris rájöttem a spanyolok taktikájára. Az egyik hajó az embereket, a másik az addig a kikötött hajókat lövi szét. Egészen egyszerűen ki akarják irtani a kalózokat erről a szigetről.

Futásnak eredtünk a többiekhez, mert tudtuk, hogy a lehető leghamarabb össze kell szednünk a legénységet. A csata hevébe érve a kalózok káromkodva és ordibálva harcoltak a katonákkal, a legtöbb ház és kocsma már lángokban állt, és nagy hőség vett körül a lángok miatt. Hiába mentem a még épen maradt épületekbe, a harc és a párbajok heve már mindent felforgatott.

– Mit keresünk itt, Dávid? – kérdezte Pityu.

– A legénységet! Hol vannak?

Pityu az állára tette ujjait, és arcát pihentette a tenyerén.

– Már a hajón vannak, várnak ránk…

– Most ez komoly, haverom?!

– Persze hogy az.

Ha nem lett volna körülöttünk egy komplett háború, azonnal felpofoztam volna a palit ott helyben.

– Miért nem mondtad eddig? Itt sülök meg a lángoló épületek között!

– Mert nem kérdezted!

Nem válaszoltam. Nyugodt próbáltam maradni, és elkezdtem a hajónk felé futni. *Nem akarok emlékezni az elmúlt öt percre, mert nem leszek beszámítható állapotban.*

Felértünk a hajóra, és a többiek úgy viselkedtek, mintha a vadállatok cirkuszában lettünk volna. Kecske a hajókorlátról lógott le, és a dolgát végezte, Jelző szerintem harmadjára ugrott le a kosárból, jelezve a rohadt nagy bajt, ami épp körbevett minket. Kékfényből kitört a nőies énje, és a fedélzet egyik sarkában sírdogált, Zsanér pedig egy szerelőládával maga mellett térdelt a kormánykeréknél, és eszeveszett módon kalapált belé valamit. Belépő megtöltött egy fedélzeti ágyút, nagy visítás közepette meghúzta a kötelét, de utána tágra nyílt szemekkel nézett maga elé, hiszen nem jött ki semmi a csőből. Valóságos pokol uralkodott a hajón, a torpedósok már szétfirkálták az asztalaikat, de szerintem nekik sem tűnt fel, hogy nincs muníció a hajón. Acélideg mászott fel mögöttünk a fedélzetre, és talpig vizesen, remegő hanggal próbált jelenteni:

– Kap-kapitány! Onnan jön-jönni le... nagy-nagyon sok-sokan vo-vo-voltak. Majd-majdnem bimm-bumm, engem meg majd-majdnem bámm-bámm.

Teljesen kikészült az ember, de legalább megvolt, és egyben is tért vissza. A teljes káosz közepette a hajó nagyon sok találatot kapott, a víz több helyen betört a hajótestbe, és a fedélzet majdnem teljesen használhatatlanná vált.

– Srácok! – üvöltöttem bele a vakvilágba. – Térjetek magatokhoz, vagy itt döglötök meg! Hajót elhagyni!

Dán Pityu azonnal lefagyott, nem számított erre a kijelentésre. Egy kapitánynak ez a legrosszabb dolog, amit hallhat. Megismételtem hát még kétszer, mire a legénység végre összeszedte magát, és lerohantunk a stégre. Persze nem is ők lettek volna, ha nem kell megvárni Kékfény sminkkészletét és Zsanér szerszámosládáját – mindenekelőtt a kinézet és az alaposság –, csak a hajó már közben majdnem az oldalára dőlt, mire mindent összeszedtek és leértek.

– Hol fogunk lakni? Mit eszünk? Mivel hajózunk? Mindenünk odalett! – fakadt ki hirtelen Pityu, és csapkodni kezdett a levegőbe. – Odavan a sógorom második nagyapjának az órája! Elvesztettem a fotóimat a házi fókáimról és a halas burger titkos receptje is elázott! Mindenem odavan...

Nem tudta befejezni a mondatot, mert akkora pofont kevertem le neki, hogy tornászok is megirigyelnék azt a szaltót, amit vetett utána.

– Srácok! – vettem át inkább én a szót. – Nyugodjatok meg, egy istenverte kikötőben vagyunk, ahol rengeteg hajó van teljes ellátással és munícióval! Nincs más dolgunk, mint…

Elállt a szavam, ahogy elnéztem a legénység között az este elején látott legnagyobb kalózhajó felé. Még mindig sértetlen állapotban állt a vízen. Még a spanyolok is tudják, hogy azzal a hajóval nem jó packázni.

– El fogjuk lopni azt ott! – mutattam a hajóra, és a fiúk a hátuk mögé néztek, majd vissza rám, és szinte szinkronban rázták a fejüket.

– Miért nem lehet azt ellopni? Valaki mesélje ezt el nekem!

– Mert az a hajó átkozott! – szólalt meg Kékfény.

– Azon a hajón nem érvényes a varázs! Ott minden… átlagos – fejezte be a sztorit Pityu.

– Szóval, ha jól értem, akkor ott minden olyan, mint amikor „ébren" vagyok? És ott tényleg meghalok, ha hülyeséget csinálok? – Mindenki bólogatott és két lépést hátrált már a tény említésére is. – Csináljátok akkor ugyanazt, mint a régi hajón, és minden rendben lesz. Bízzatok bennem! Menjünk, vagy itt halunk meg!

Lassan, de biztosan elkezdtek osonni a hajó felé. Mielőtt még közelebb értünk volna, megbeszéltem Jelzővel, hogy hanyagolja az ugrálást. Egyébként, ahogy elnéztem a legénység lopakodását és körültekintését, olyan jól csinálták, hogy maga a hadsereg is megirigyelte volna őket. Egy fia zajt sem hallottam, még a cipőjük is óvatosan kopogott, de komolyan! Aztán elkezdtem egy kicsikét gondolkodni az előbb elhangzott mondatokon.

– Ez a hajó mióta áll itt?

– Tuti régóta, mert senki sem meri irányítani – válaszolta Pityu.

– Akkor miért nem mászunk fel rá simán? Nincs rajta senki.

Pár másodperces töprengés után a megszokott gyalogló tempóban odamentünk hozzá, és felmásztunk a fedélzetre.

A por és a kosz szinte vágható volt a fedélzeten. Minden réginek és kihasználatlannak tűnt, de ezen aztán minden volt, ami nekünk kellett. A többiek is csendes csodálkozásba kezdtek. Elsőként Jelzőnek csillantak örömkönnyek a szemében. Kezében tartott egy fura, rozsdás valamit, és mosolyogva jött felém.

– Nézd, Dávid! Harang! Van a hajón harang!

Nem tudtam nem nevetni rajta, de megveregettem a vállát. Úgy tűnt, megszabadult az öngyilkos hajlamától. Kékfény meg hisztizett, hogy mennyit kell majd neki takarítania a fedélzetet. Zsanér mélyen örült annak a rengeteg javítanivalónak, melyeken végre lehetősége nyílik kipróbálnia magát. A torpedósok tétlenül ácsorogtak magukban. Tekintetükkel keresték, hogy hol vannak az asztalok. *Persze majd megtanítom őket lőni! Nagyon jó, mondhatom.* Pityu örült annak, hogy minden vitorla megvan, és egyik sincs elszakadva. Minek örülhetne egy kapitány jobban, mint a hajója épségének? Ebben a pillanatban levette a kalapját, és a fejemre rakta.

– Ez már nem az én hajóm, barátom, hanem a tiéd. A te ötleted volt minden.

– Ezt nem… nem fogadhatom el – álltam előtte tágra nyílt szemekkel.

– De igen, Dávid! Ha te nem lennél, már rég végünk lenne, ez igenis a tiéd. Mostantól a neved Sárga Bajusz kapitány!

– De nekem nem is sárga a bajszom.

– Nekem sem Pityu a nevem, kérlek szépen.

– Hanem micsoda? – Volt egy sejtésem, hogy mit fog mondani.

– István!

Sajnos bejött a tippem. Utolsó parancsát akkor ordította el, amikor meglátta, hogy a legénység felhoz a hajótestből egy kövér hordót:

– Teszitek el a kártyát, de azonnal!

Nyolcadik fejezet: Ha harc, legyen játék!

Már a nyílt vízen haladtunk a hajóval. Kicsit sok cikis helyzetet éltünk át, mire a többiek megbarátkoztak az átokkal. Jelző három alkalommal ugrott ki a kosárból, és kapaszkodott meg benne, hogy vissza tudjon mászni. Meg kell még szoknia a kényelmet és a harangját. Kecske két alkalommal harapott bele egy régi, romlott banánba, hiszen itt van szavatossága az ételnek, és Zsanér kétszer annyi időt szenvedett a feladataival, mert itt nem elég egy csavar, hogy megtartson egy egész ajtót, az tény. Kékfény a takarítás utáni unalmában beszélni tanította Acélideget. Maga a cél nemes volt, de ezt több órán keresztül hallgatni már egyenesen kínzásnak minősült. Belépő átvette a feladatomat, és a torpedósokat próbálta tanítani a szabályos tüzelésre, de sajnos nem túl sok sikerrel. Random felordibálások hallatszottak amiatt, hogy éppen ki találta el a másikat, és kinek süllyedt el a kishajója. *Mindent egybevetve azért javulást látok a dolgokban. Legyünk pozitívak!*

– Hajó előttünk! – ordította Jelző lefelé. Pityu belenézett a távcsövébe, és egy spanyol csatahajó jött velünk szemben.

– Ez a tegnapi sereg vezetője lesz. Az a szemét ezért tűnt el akkor olyan hirtelen!

Szóltam Belépőnek, hogy töltsék meg az ágyúkat, Kékfény megfeszítette a vitorlákat, és Kecske szokásához híven hátravetette magát a padlóra.

– Sárga Bajusz! – jött fel mellém a kormányhoz Zsanér. – Még a kikötőből a biztonság kedvéért elhoztam ezt az aranytallért.

– Mihez kezdjek vele, Zsanér?

– Gumiból van, hogy kihúzzuk vele a hónapot a következő fizetésig!

Beletemettem az arcom a tenyereimbe, majd büszkén megveregettem Zsanér vállát, amolyan „Nyugodj meg, fiam, bőven elég hülye vagy." jelleggel.

– Kecske mindig önmagát adja – szólalt meg Pityu. – Miért van négy lába a patkánynak?

– Nem tudom – feleltem. – Miért van négy lába?

– Hogy hamarabb odaérjen a kukához, mint a hajléktalan vagy Kecske.

Most a srácok a halál előtti víg időszakukat töltik, vagy az átok hozta ki az igazi énjüket, ami még hülyébb? Igazából mindegy, csak ezt éljük túl, aztán elhúzunk innen, amint lehet.

Az egész hajó egyszerre lendült előre, majd az orra majdnem lebukott a víz alá. Alig tudtam elkapni a korlátot, hogy le ne zuhanjak a fedélzeti padlóra a kormány mögül. Fejemet vakarva szóltam előre, hogy mi a fene volt ez. Belépő leengedte a horgonyt, és az egész hajótest belerándult a fékezésbe.

– Mi a francért csináltad ezt? – szóltam előre.

– Mert jobbkéz szabály van érvényben!

– Mi a franc bajod van?! – Előre néztem, és tényleg jobb oldalról közeledett felénk egy teherszállító hajó. Frankón meg kellett várni, hogy ráérősen elhaladjon előttünk. Belépő utána felhúzta a horgonyt, és lassan megindult a hajó. A spanyolok addigra veszélyesen közel kerültek, elsütötték az ágyút, és alig pár méterrel mellettünk csapódott be a vízbe. Kékfény kezébe vette a távcsövét, mármint az eredetit, és bemérte a távolságot.

– Ezzel nem fogunk sokra menni – felelte Pityu.

– Miért nem?

– Mert röntgenasszisztens volt fiatalon, csak megbukott szegénykém. – Pityu karba tett kézzel állt, és enyhén a fejét csóválta.

– Nem értem, miért bukott meg?

– Mert éjszaka is világos volt körülötte, és nem látott.

Most volt itt az a pont, hogy átadtam a kormányt, és inkább lementem a fedélzetre.

– Acélideg! – szóltam hozzá.

– Igen?

– Tárgyalnod kell! Belépő, húzd fel a fehér zászlót! – adtam ki a feladatokat a srácoknak, a torpedósokat pedig az alsó ágyúkhoz küldtem. Töltsék be őket, de ne nyissák ki a tűzablakokat. A legénység nem értette ezt pontosan, de megcsinálták, amit kértem. Amikor a két hajó egymás mellé ért, szúrós és átkozódó tekintetek meredtek egymásra. Persze mi hiányosak voltunk, mert Kecske a kötelességét teljesítette.

– Tárgyaljunk, és menjünk békével! – kezdett bele Acélideg a dolgába. Néztem is: *Hát, ez nem dadog!* Belépő jó munkát végzett, vagy túlságosan szigorút, hiszen Acélideg feje tele volt kék-zöld foltokkal. Egészen biztatóan kezdődött, de útközben szegény Acél biztos lámpalázat kapott.

– Egy, egy, egy, egy.

– Ez már négy! – szólt közbe Pityu.

– Dolgot… kér-kér-kérek! Maguk nyer-nyer-nyertek, és mi el-el-elmegy… elmegyünk!

– Ennyire messze akarsz menni? – vágott közbe Zsanér.

Az ellenségeink egyre kevésbé tudták tartani a szigorú tekintetet, majd egyszerre álltak neki röhögni, és felváltva csapkodták a térdüket, vagy a hajókorlátot.

– Miért kell kinevetni?! – ordította oda Kékfény. – Szegény tegnap három órát olvasott, hogy felkészüljön.

Én pedig magamban arra gondoltam, hogy: *Acélideg mióta tud olvasni? Mikre nem jövök rá így a vége felé!*

– Persze! Víz, gáz, villanyóra! – Belépő most mondott életében először mást a megszokott félmondaton kívül. A másik hajón már a hasukat fogták a röhögéstől. A vezérük kétségbeesetten próbálta őket csatasorba állítani, de nem kapott sok figyelmet.

– Hagyd békén! Az előző tárgyalásánál megnyert mindent! – fedte fel magát Kecske, ahogy megszólalt a földön fekve. – Megnyertük a csatát, csak szerintem Ázsiában voltunk, mert mindenki ferde szemmel nézett a lövöldözés után!

Most kellett volna kiadnom a parancsot az alsó tüzéreknek, de nem bírtam ki nevetés nélkül, és inkább a lábammal adtam jelet nekik. Dobogni kezdtem a padlón, és a lövészek felnyitották a tűzablakokat, kitolták az ágyúkat, és egyszerre sütötték el az összeset.

A spanyolok hajója akkora ütést kapott, hogy az egész hajótest majdnem negyvenöt fokban megdőlt, több katona beleborult a vízbe.

– Előre! – ordítottam fel. – Töltsetek újra, és teljes gőzzel, vagyis széllel előre!

A vitorlákat kiengedték és megfeszítették. Ameddig a másik hajón összeszedik magukat, mi előnyt nyerünk és meglógunk. Kékfény tartotta a köteleket, de két katona átugrott a hajónkra, és kardot rántottak.

– Ez sem semmi fiúk, de ezt figyeljétek! – A „hölgy" egyik kezével tovább tartotta a kötelet, másikkal félrehúzta a ruháját, és hát maradjunk annyiban, hogy a katonák inkább visszaugrottak a vízbe. Én becsülöm az igyekezetét, mert mindenből a legjobbat hozza ki. Zsanér épp próbálta megszerelni az egyik korlátdarabot, miközben egy katona igyekezett levágni őt. Feltette a kezét, és megálljt parancsolt neki, majd így szólt: – Mi a különbség a szex és a verekedés között? – A katona kíváncsian megrázta a fejét, hogy nem tudja. – Akkor verekedjél tovább, hülyegyerek! – Majd arcon vágta a másik markában levő kalapáccsal.

Én leszaladtam a tüzérekhez, és gyorsaságra próbáltam őket motiválni, amikor elkerekedett szemekkel figyeltem a történéseket. Úgy tűnt, ezeknek nem tanították meg az újratöltést, mert helyette valami krétával négyzetrácsos felületeket rajzoltak, és izzadva nekiálltak torpedót játszani.

– Emberek! – mordultam fel. – A golyót beteszitek, elfojtjátok, betuszkoljátok azzal a hosszú rúddal, és elsütitek! – *Most, kérem, hagyjatok békén a történetem technikai részleteinek pontosságával, mert nem vagyok hivatásos tüzér!*

– Ezt Kékfénytől tanultad? – Frankón leoltott az egyik tengerész a tömegből. Nem kaptam rá más reakciót a többiektől, mint harsány nevetést és sűrű tapsot. A kabarét azonban megszakította egy tökéletes találat, ami majdnem keresztül is repült a hajótesten. Erre érdekes módon máris mindenki értette a feladatát.

Na, most töltsd be és fojtogasd a golyóidat! Na, most legyen nagy a szátok!

Felrohantam a fedélzetre, és a dolgok egyik percről a másikra megváltoztak. A katonák kardot szegeztek a legtöbb emberre, Pityut hárman lefogták, és Zsanér sírdogált, mert nem hagyták neki, hogy befejezze a kalapálást. A vezér jött velem szemben, és kardját egyenesen rám szegezte.

– Vége a kis játéknak! A hajót elfoglaltuk, és miénk vagytok örökre. – Fel kellett tennem a kezeimet, mert a kardjának hegyét a nyakamhoz szegezte.

Kilencedik fejezet: Ezt már mesélték nekem

– Porban fogtok feküdni, könyörögni és fájdalmasan nyögni kényszerültök majd! – A vezér csak úgy ömlesztette felém átkozódó szavait. Tekintetemmel lehetőség után kutattam, de nem találtam semmit.

– Nézz az égre, és imádkozz!

Teljesítettem a kérését, felnéztem, és megláttam Jelzőt a kosárban, kezében egy pisztollyal. Egyenesen a vezérre szegezte, és várta a jelet.

– Az utolsó szó jogán hadd mondjak valamit!

– Parancsolj!

– Én már jártam úgy, ahogy az előbb átkozódott. Épp orvosnál voltam, felfeküdtem az ágyra, és aztán mondott valamit.

– Mit mondott? – várta a választ a vezér, és már éreztem a levegőben, hogyha ez nem jön be, akkor a fejemnek búcsút inthetek.

– Azt mondta, hogy köhögjek. Urológus volt! – A vezér próbált komoly maradni, de lassan győzött benne a megrökönyödés, és nevetésben tört ki. Ez pont elég volt arra, hogy felordibáljak Jelzőnek, aki elsütötte a fegyvert, és kilőtte a vezér kezéből a kardot. A többiek is kihasználták a lehetőséget, és ahogy tudtak, kiszabadultak a sarokba szorított helyzetből. Belépő kihasználta a lehetőséget, és egy fedélzeti ágyúhoz rohant, betöltötte, és elkezdte a fedélzet felé fordítani. Zsanér marha gyorsan megjavította a korlátot, és utána szerszámokkal a kezében beugrott a tömegbe verekedni. Pityu a kardjához kapott, és vívni kezdett az őt körbevevő katonákkal, Kékfény pedig a pisztolyaiért nyúlt, és akit csak tudott, eltalált.

– Megállunk! – ordított fel Belépő. Az ágyú csövét a spanyol vezérre irányította, és csibész módjára nevetni kezdett.

– Meg ne próbálja! Nyugodjunk meg!

– Van jegyed?

– Hogy micsoda? – Nem várhattuk meg a teljes reakciót, mert az ágyú elsült, és a vezérből csak a csizmái maradtak a hajón. A katonák vezérüket elvesztvén eszeveszetten menekültek, némelyik beugrott a vízbe, mások a félig elmerült hajójukhoz próbáltak eljutni.

***

A hajónkat úgy-ahogy sikerült rendbe rakni a legénységgel. Mindenki fáradt volt már, és mindennél jobban örültek volna egy kiadós ebédnek. Bevallom, én is nagyon éhes voltam már.

Acélideg lassan felcammogott a fedélzetre kezében egy hatalmas könyvvel, majd Pityuhoz ment, és belelapozott.

– Ebben az áll, hogy kalózok részt vesznek egy kalandban.

Pityu elismerő arcot vágott.

– Ez igen, Acélideg! Milyen jól megtanultál beszélni!

– Pró-pró-próbálkoz… próbálkozom.

– Oké, értünk mindent.

Pityu odahívatott magához, és megmutatott nekem egy mondatot a könyv egyik lapján:

„*Vége az első résznek*”.

Nagy sötétség vett hirtelen körül. Nem láttam senkit. Hiába szólongattam a srácokat, senki sem válaszolt. Mintha zuhantam volna valahová, de nem tudtam hová.

– Dávid! Dávid, kelj fel, mert el fogsz késni az iskolából!

Anyukám hangját hallottam. Felemeltem a fejemet, és körülnéztem. Az ágyamban feküdtem, és ahogy elkezdtem beazonosítani a helyzetemet, iszonyatos fejfájás vett rajtam erőt. Ösztönösen visszadobtam volna a fejemet a párnára, de helyette valami keményre érkeztem. Egy nagy könyv töltötte be a párnám szerepét. Ekkor értettem meg az eddigi események valódi okát: Ezt a regényt olvastam, és álmomban ezt a történetet láttam magam előtt legutoljára, mielőtt felébredtem.

Pár perc múlva felültem az ágyban, és ránéztem az órára:

Negyed nyolc van, még pont be tudok érni, ha sietek, és levágom az utat! Előző este ugyanis tévedtem! Másnap iskola következett. – Betettem a táskámba a könyvet is, mert vissza kellett vinnem a többieknek.

Az iskolában ebédszünethez csengettek, és ismételten csak magány vett körül, mert nem ült mellettem senki, illetve nem is állt szándékában senkinek élvezni a társaságomat. Elárvultan érezve magam elővettem a könyvet, és rátettem az ebédlőasztalra. Addig simogattam a fedelét, ameddig belém nem nyilallt egy olyan gondolat, ami miatt még azóta is hiszek a túlvilágban és a csodákban. Visszatérve a jelenbe csak azt tudom mondani, hogy imádtam ezt a kalandot, életem legnagyobb élménye volt. Kékfény, Pityu és a többiek mindannyian létező személyek, csak persze átvitt értelemben. *Most jön az igazi észrevétel!*

Ha már vele kezdtem, akkor vele folytatom: Kékfény valójában egy iskolánkba járó cserediák volt, aki ténylegesen más beállítottságú, mint a többiek, és ezen ne is agyaljunk tovább, ha eddig nem értettük meg! Odaültem mellé a leghátsó ebédlőasztalhoz, és örömmel ráköszöntem. Tovább nézelődtem a helyiségben, és megláttam Belépő valós megfelelőjét. Szintén egyedül ült. A srác nem igazán a zsenialitásáról volt híres. Egyszerű, de tényleg nagyszerű ember hírében állt. Intettem neki, és odaült hozzánk. Így már hárman voltunk. Tovább vizsgálódtam, és megláttam Kecskét is, aki egy középső tagozatos kissrác volt. Szegénykém sosem tudott időben beérni az iskolába, mert mindig elaludt. Folyton rossz jegyeket vitt haza, és emiatt több alkalommal behívták a szüleit. Már négyen voltunk az asztalnál, de Acélideget nem tudtam beazonosítani sehol sem. Mindenhol tömeg volt már, senki sem különült el a többiektől, csak mi. Egyszer csak egy zsúfolt asztalnál hatalmas röhögés tört ki, ahol beszéltetni akartak egy szemüveges, nyakkendős kisfiút. Szegénykém három szót nem tudott dadogás nélkül kimondani, ugyanakkor az írásbelik után mindig jelest vitt haza. Addig ordítoztam felé, amire végül meghallott, és mosollyal az arcán odajött hozzánk.

Zsanér kiléte magától értető számomra, amikor egy illető kiakadt azon, hogy az ebédlőben nem működik a hangszóró, mert rajta kívül mindenki örült ennek. Egyértelmű volt, hogy őt hívom következőnek a köreinkbe.

Bőven végigröhögtük egymáson a harmincperces szünetet. Eddig még életünkben nem találkoztunk, mindig csak elmentünk egymás mellett a folyosón. Mégis olyan érzés volt, mintha mindannyian már régóta ismernénk egymást.

Pityunak azt a tanárt azonosítottam be, aki ránk szólt, hogy becsengettek, és menjünk az osztályba. Elsőrangú angoltanár volt az illető, és ami azt illeti... egy igazi sznob.

VÉGE

Egyéb kiadványaink

Antológiák:
„Álomfejtő" antológia [hamarosan]
„Időzavar" sci-fi antológia
„Árnyemberek" horrorantológia
„Az erdő mélyén" horrorantológia
„Robot / ember" sci-fi antológia
„Oberon álma" sci-fi antológia

Ian Pole
A Pribék (urban fantasy horrorregény)

Frank J. R. Frank
A karibi fény (krimi)

Aurora Elain
A rózsabogarak nem sírnak (misztikus regény)

Kalmár Lajos Gábor
Rose (ifjúsági fantasy regénysorozat)
1. Rose és az ezüst obulus
2. Rose és a sárkányverem

E. M. Marthacharles
Emguru (sci-fi regény)

Anne Grant & Robert L. Reed & Gabriel Wolf
Kényszer (thriller regény)

Gabriel Wolf & Marosi Katalin
Bipolar: végletek között (verseskötet)

J. A. A. Donath
Az első szövetség (fantasy regény)

Sacheverell Black
A Hold cirkusza (misztikus regény)

Bálint Endre
A Programozó Könyve (sci-fi regény)
Az idő árnyéka (sci-fi regény)

Szemán Zoltán
A Link (sci-fi regény)
Múlt idő (sci-fi regény)

Anne Grant
Az antialkimista szerelme (romantikus regény)
Mira vagyok (thrillersorozat)
1. Mira vagyok... és magányos
2. Mira vagyok... és veszélyes [hamarosan]
3. Mira vagyok... és menyasszony [hamarosan]

David Adamovsky
A halhatatlanság hullámhosszán (sci-fi sorozat)
1. Tudatküszöb (írta: David Adamovsky)
2. Túl a valóságon (írta: Gabriel Wolf és David Adamovsky)
3. A hazugok tévedése (írta: Gabriel Wolf)
1-3. A halhatatlanság hullámhosszán (teljes regény)

Gabriel Wolf

Tükörvilág:

Pszichopata apokalipszis (horrorsorozat)
1. Táncolj a holtakkal
2. Játék a holtakkal
3. Élet a holtakkal
4. Halál a Holtakkal
1-4. Pszichokalipszis (teljes regény)

Mit üzen a sír? (horrorsorozat)
1. A sötétség mondja...
2. A fekete fák gyermekei
3. Suttog a fény
1-3. Mit üzen a sír? (teljes regény)

Kellünk a sötétségnek (horrorsorozat)
1. A legsötétebb szabadság ura
2. A hajléktalanok felemelkedése
3. Az elmúlás ősi fészke
4. Rothadás a csillagokon túlról
1-4. Kellünk a sötétségnek (teljes regény)
5. A feledés fátyla (a teljes regény újrakiadása új címmel és borítóval)

Gépisten (science fiction sorozat)
1. Egy robot naplója
2. Egy pszichiáter-szerelő naplója
3. Egy ember és egy isten naplója
1-3. Gépisten (teljes regény)

Hit (science fiction sorozat)
1. Soylentville
2. Isten-klón (Vallás 2.0) [hamarosan]
3. Jézus-merénylet (A Hazugok Harca) [hamarosan]
1-3. Hit (teljes regény) [hamarosan]

Valami betegesen más (thrillerparódia sorozat)
1. Az éjféli fojtogató!
2. A kibertéri gyilkos
3. A hegyi stoppos
4. A pap
1-4. Valami betegesen más (regény)
5. A Merénylő
6. Aki utoljára nevet
7. A szomszéd
8. A Jégtáncos
9. A Csöves
10. A fogorvosok
5-10. Valami nagyon súlyos (regény)
1-10. Jack (gyűjteményes kötet)

Egy élet a tükör mögött (dalszövegek és versek)

Tükörvilágtól független történetek:

Pótjegy (sci-fi sorozat)

1. Az elnyomottak
2. Niog visszatér [hamarosan]
3. Százezer év bosszú [hamarosan]
1-3. Pótjegy (teljes regény) [hamarosan]

Lángoló sorok (misztikus thriller sorozat)
1. Harag [hamarosan]

Árnykeltő (paranormális thriller/horrorsorozat)
1. A halál nyomában
2. Az ördög jobb keze
3. Két testben ép lélek
1-3. Árnykeltő (teljes regény)

A napisten háborúja (fantasy/sci-fi sorozat)
1. Idegen mágia
2. A keselyűk hava
3. A jövő vándora
4. Jeges halál
5. Bolygótörés
1-5. A napisten háborúja (teljes regény)
1-5. A napisten háborúja illusztrált változat (a teljes regény újrakiadása magyar és külföldi grafikusok illusztrációival)

Ahová sose menj (horrorparódia sorozat)
1. A borzalmak szigete
2. A borzalmak városa

Odalent (young adult sci-fi sorozat)
1. A bunker
2. A titok
3. A búvóhely
1-3. Odalent (teljes regény)

Humor vagy szerelem (humoros romantikus sorozat)
1. Gyógymód: Szerelem
2. A kezelés [hamarosan]

Álomharcos (fantasy novella)

Gabriel Wolf gyűjtemények:

Sci-fi 2017
Horror 2017
Humor 2017

www.artetenebrarum.hu

Arte Tenebrarum Könyvkiadó:
Időzavar (sci-fi antológia)

Gabriel Wolf ebben a kötetben szereplő kisregényének ismertetője:
A jövőben az emberek rendkívül rövid életűek. Születésük után mesterségesen felgyorsított növekedéssel, felnőttként jönnek a világra. Csupán egy-két napig élnek, ezért mindenhová a klónjukkal utaznak, hogy ha ők váratlanul meghalnának, akkor a „pótember" folytassa helyettük az utat. Az ő számukra vásárolnak tömegközlekedési eszközökre „pótjegyet".
A pótemberek kizárólag helyettesítő szerepet töltenek be, nincsenek jogaik, nem lehet önálló véleményük, még akkor sem, ha némelyiknek bizonyos helyzetekben talán mégis lenne.
Egyszer az egyik klón fellázad, és úgy dönt, nem folytatja az eredetileg megkezdett vonatutat, hanem saját feje után megy: Leugrik a szerelvényről, mert ki akarja deríteni, miért vált az emberiség ilyen sérülékennyé és halandóvá. A névtelen szökevényt szorítja az idő: Rövid életéből kifolyólag mindössze egy-két nap áll rendelkezésére, hogy nyomozzon. Ám amikor az út végén megtalálja kérdéseire a választ, olyan megdöbbentő felfedezést tesz, amire senki sem volt felkészülve.

Egy drámai történet emberségről és embertelenségről.
Klasszikus science fiction újszerű fordulatokkal.

Tartalom:
Gabriel Wolf - Az elnyomottak
E. M. Marthacharles - Egy keserves nap az Elnök irodájában
Holly Wise - A kapun túlról
Andrew Greasy - A hátrahagyott jövő
Violet C. Landers - Az időhibrid-kabin átka
Molnár Dénes Attila - A második kezdet
Keczkó Dóra - A pillanat

E-könyvben 999 Ft-ért:
https://www.artetenebrarum.hu/termek/idozavar
Puhakötéses nyomtatott könyvben 2899 Ft-ért:
https://www.artetenebrarum.hu/termek/idozavar-softcover

Gabriel Wolf:
Jack (thrillerparódia regény)

2017-ben Gabriel Wolf megírta „*Az Éjféli Fojtogató!*" című thrillerparódia novelláját, ami olyan sikeres lett, hogy először csak a barátai, aztán már az olvasói is elkezdték várni a folytatást. Három év alatt összesen tíz epizód készült a „*Valami betegesen más*" címszó alatt futó sorozathoz. Ez a kötet tartalmazza az összes eddigi részt. Hogy miért lett népszerű Jack, a paranormális képességekkel rendelkező nyomozó abszurd története? Mi a pontos irodalmi műfaja ennek a sorozatnak?
Nehéz lenne összefoglalni, de íme néhány támpont: Részben paródiája az amerikai zsarufilmeknek, természetfeletti thrillereknek és a brit detektívregényeknek. Emellett szatíra is, amiben időnként a tökéletes(en beképzelt) főszereplő hibát hibára halmoz, és a szerző szapulja is érte. Sőt, időnként az író szidja benne saját magát, ami valljuk be, elég ritka egy hagyományos krimiben.
A történetben van egyfajta „film a filmben" hatás is, azaz olyan, mintha egy forgatást követnénk nyomon: egy zseniális zsarukrimit, de borzalmas színészekkel, elpuskázott jelenetekkel. A szereplők időnként kiesnek a szerepükből, és elkérik a rendezőasszisztenstől a forgatókönyvet, hogy megnézzék, ők szúrták-e el, vagy átírták-e azóta a sztorit. Nemcsak a film és az irodalom keveredik ebben a történetben, de a valóság is a képzelettel. Néha ugyanis a cselekmény során az író leáll veszekedni a szereplőkkel – időnként kicsinyes módon bosszút is állva rajtuk –, máskor szinte „kinyúlva" a könyvből magyarázkodni kezd nekünk, olvasóknak, hogy mit miért ír úgy. Olyankor azt is közli velünk, hogy mit kellene gondolnunk az adott jelenetről, hogy később melyik fog még nekünk nagyon tetszeni, sőt még azt is, hogy miben nincs igazunk…

E-könyvben 1599 Ft-ért:
https://www.artetenebrarum.hu/termek/jack
Puhakötéses nyomtatott könyvben 2899 Ft-ért:
https://www.artetenebrarum.hu/termek/jack-softcover

GABRIEL WOLF

JACK

Lightning Source UK Ltd.
Milton Keynes UK
UKHW021837011220
374466UK00003B/450